All Voices from the Island

島嶼湧現的聲音

朱令的四十五年
北京清華女學生
毒殺疑案

李佳佳 著

目次

【推薦序】

愈久愈悲傷的時光膠囊

李志德

一個社會裡，每隔一段時間，總會流傳下一、兩個故事，封在一群人的記憶膠囊裡，偶爾取出來，掀開一個縫，讓一點氣味流出來，收藏著這段記憶的人們就會同聲驚呼，一同回到他們行經的那個時代。

朱令，就是一個這樣的故事。

在談這本書的內容前，不妨先說說這本書的緣由。我在《端傳媒》工作，李佳佳是《端》經常合作的特約作者，報導題材從新加坡的第一家庭到男性參與家務；訪問對象從美國對華「鷹派學者」到住女子公寓的紐約女孩。取材廣、文筆好，產出又穩定，是編輯們樂於合作的作者，但我自己和她倒是一直不認識。

直到二〇一八年十二月，佳佳在臉書上貼了一條文，詢問朋友有沒有人能介紹她認識臺灣的出版社。貼出不久我看到了，發訊問她為什麼需要找出版社？這是我第一次知道，仍然有寫作者在追蹤朱令的故事；我也認同佳佳的想法：這個故事只有在臺灣，才有機會完整出版，不會遭到任何修改——甚或連修改的機會都沒有。

絕大部分的臺灣讀者對朱令的故事毫無所悉，但臺灣一小群專門處理中國新聞的媒體工作者——包括我在內，是聽聞過朱令的故事的。我們守望中國時事，如同天文學家日復一日注視著暗夜星空，朱令這個名字，每隔一段或長或短的時間就會在中國新聞裡浮現一陣，像一閃即逝的流星。

《朱令的四十五年——北京清華女學生毒殺疑案》是朱令事件迄今最完整的紀錄，過程詳細記載在書裡，毋須在這篇文章裡重覆再說。但我所著迷的，除了故事本身，還在於環繞在這個無辜殘損的生命四周的，豐富的時代細節，它像微縮膠片一樣記錄了中國的過去，並不太久的過去，也讓我們理解中國的現在。

一九九五年，全國可以連接互聯網的電腦終端只有四百多臺，大多數人根本聞所未聞。

——引自《朱令的四十五年——北京清華女學生毒殺疑案》

一九七三年出生的朱令，一九九二年進入清華大學，屬於「六四後一代」的大學生。在進大學時，迎接他們的是鎮壓後的肅煞氣息。曾經產生蘇曉康、嚴家其、方勵之和崔建等等激動人心的名字的八〇年代一去不回。朱令入學時，鄧小平的南巡講話餘音未落。對民主政治的訴求絕不退讓，但同時也致力開放經濟，與國際資本接軌，將全中國的資源導進一場規模巨大的經濟重建運動。

在這場後來被名為「改革開放」的運動裡，除了有形外資、人才的引入，日後影響最大，也最能夠具體呈現中國融接入世界體系的，莫過互聯網（網際網路）的從無到有。一九九五年一月，中國郵電部電信總局分別在北京、上海開通64K專線，開始向公眾提供網際網路接入服務。一九九八年到二〇〇〇年，簡稱為BAT三巨頭的百度（Baidu）、阿里巴巴（Alibaba）和騰訊（Tencent）陸續成立。

同樣就在一九九五年，朱令的中學同學貝志城決定通過互聯網，向能夠接觸到的醫療專業群體公布朱令的病情，期盼回覆。由於對網路世界全然陌生，朱家和貝志城抱的是「姑且一試」的心情。但沒想到所有的希望都從這個開口湧進來，而且正確答案在二十四小時內就出現。

此時距離朱令發病已經超過一百三十天，正確的診斷幾次和朱令擦身而過。一百三十天和二十四小時的巨大差距，對比出的是一個封閉的國家、社會對生命真真實實的傷害。

緊急求救信迅即收到世界各地醫生、專家等人士的七百七十六份回覆電子郵件，……二百六十六份認為是中毒，其中一百零六份明確提出可能是鉈鹽中毒。不斷收到「請盡快為朱令檢測鉈」的郵件。

——引自《朱令的四十五年——北京清華女學生毒殺疑案》

互聯網的登場，在朱令的故事裡是一個戲劇性的轉捩點。來自世界各地的專家給出「鉈中毒」的答案，讓朱家和參與報導這起事件的媒體記者有了底氣去質疑協和醫院這座白色巨塔的診斷究竟正不正確，也讓朱家決心找上了對的人——「勞動衛生與職業病研究所」研究員陳震陽，用他的解方，讓朱令至少能保住性命直到今天。

如果把視角放開，從朱令的故事裡 zoom out 出來，網際網路更是整個現代中國發展的轉捩點。外國專家認為朱令應該是「鉈中毒」的推測，只是中國透過網路接入的海量訊息的一顆水珠。事實上，在中國政府致力發展「網路長城」前，「後六四一代」可以通過網際網路讀到大量國外報刊雜誌——只要它有上線。曾有位同行和朋友對我說，在這段時間裡，他只要上網，從美國的《紐約時報》（*The New York Times*）、《華盛頓郵報》（*Washington Post*），到臺灣的《自由時報》，想怎麼看就怎麼看。這實在是今天的中國人難以想像的世界，但這距今並不是幾十年甚或上百年，而是就在不到二十年前。

網路不只連接了國外，也將中國公民連接在一起。在網路最初現身，繼而快速發展的十多年裡，「圍觀改變中國」成了許多自由主義知識分子深信不疑的「救國」路徑。所謂「圍觀」，就是每當社會、國家出現不公不義事件——例如強徵強拆民宅、公共衛生或安全危機，或者人權遭受侵犯時，只要通過網路轉發、討論或者留言關注，就能夠對政府或者大型事業機構極大的壓力，迫使對方改善或退讓。最重要的是，在還沒有推行「實名制」上網時，這樣的參與途徑相對十分安全，效益卻特別巨大。

我在朱令的案子裡看到了這樣一次實踐：網路打開了和國外專家聯絡的路徑，大大減少了朱家和協和醫院「知識不對等」的問題；同時中國本地媒體的報導在網路上流傳，不管是對朱令案本身，或者由於之後類似的案子，讓人重新記起朱令案的不公不義，無數的討論、轉貼，讓朱令的故事保持著討論的熱度，也幫助朱令的家人追討正義。

但同時也因為網際網路對建制權威的顛覆性，讓中共當局決定以資本、管制、宣示「網絡主權」等手段，「多管其下」地馴化網際網路，經過十年的努力，如今中國網路幾乎完全失去聯結公民和公共事務的角色，而成為極權政府的主要統治工具。成長在「馴化的網路」下的一代年輕人，使用著秒速 20Gbit 的 5G 網路，他們既無法想像 56K 時代的光景，恐怕更難以想像網路曾被寄望引領全中國走向文明和進步，這樣一個巨大的希望，其中一塊切片就被保存在朱令的故事裡。

> 在吳承之看來，這份文檔的行文頗為怪異，事件的一切時間點都描述得極為緻。並幾乎毫不隱晦地告知「市公安局將此案辦理情況逐級上報中央領導同志」，最終「經中央領導同志批示」，結辦此案。
>
> ——引自《朱令的四十五年——北京清華女學生毒殺疑案》

站在朱令一家人對立面的有各種難解的傲慢：醫學專業的、校園維穩的，以及，若有似無，卻讓人最莫可奈何的：政治／國家／極權的巨大陰影。在一九九五年五月，朱令開始使用普魯士藍解毒，至少保住性命之後，整個故事進入了下半場：真相的追索。

回顧朱令的案件，明明可以只是一起不難偵辦的刑事案件，然而不管是該封鎖的現場沒有封鎖，第一時間的搜索沒有進行，又或是該保存的證物竟然失竊……太多致命的「失誤」讓案件的重要環節幾乎全部丟失時，這案子就幾乎不可能達到具備嚴格法律意義下的「破案」。

另一方面，作者仔細地整理、描寫了孫維——她恐怕是本案唯一疑犯——的家世背景，主要是她的爺爺和江澤民的關係。政治和刑案在這裡合而為一，讀者有理由懷疑，事件的背後有一支「看不見的手」，在通往真相的道路上挖起一道深不見底的壕溝。當然，孫維為自己的辯白，以及同學為孫維的發聲也不該被忽略。

這又是當代中國一個讓人熟悉的情境。「公（安）檢（察）法（院）」機關的公信力普遍低落，一般人相信「政治關係」才是一切：用它行善，可以加速正義實現；用它為惡，可以遮蓋天大的罪行。

朱令案在這裡再次成為一個縮影，成為當代中國「社會不公不義」這一主題裡無數變奏曲中的一支。經歷朱令事件的人們，對於「孫維是不是凶手？」這個終極問題，不是從已知的證據和情況中推論，反而是從一種「政治考據學」的途徑去找答案。他們埋首於一份又一份的公文書裡，反覆咀嚼每一個字、詞，希望從裡頭讀出執筆人的「言下之意」，也就是隱藏著，不能明說的真相。

在朱令的事件裡，一些參與者就是從一份公安部給政協委員的覆函裡讀出了「本案已經由中央定調，不再追查」的結論，並且進一步推論、相信曾被警察認定為朱令案「兇手」的孫維，正是靠著家中長輩和「高層」的政治關係，才得以從嫌疑之地脫身。

孫維是朱令同年級、同寢室的室友，很多人在爬梳案情後將行凶者指向她，甚至唯一指向她。但「孫維是兇手嗎？」、「真相究竟是怎樣？」，我相信翻開書前，不少人都會有這樣的期待。但我想，如果想把這本書當作解謎式的「偵探小說」的讀者，大概都要失望了。因為這本書並不試圖給出一個名字，或者一個「上帝視角」的情節，只是將真相推進到「保存雙方說法」的地步。

這就是新聞寫作的限制，很多時候，書寫更多用於記憶而不是審判。真正的悲傷，不是來自事實情節，而是因為事實可能永久缺席。

朱令的故事，就是一顆時光膠囊，裡頭封存了一個悲傷的故事，和一個具體而微的當代中國。不可諱言，和九〇年代相比，今天的中國，除了經濟發展的成就巨大，人和社會更是整個換了個樣子。在其中的人們，緊追時代的發展，惟恐落後的同時，似乎也很少再去追問：今天為什麼是今天這個樣子？形成今天的過去，是什麼樣子的過去？佳佳的作品、朱令的故事所補起的，就是這樣的一個巨大的缺憾。

（本文作者為《端傳媒》總編輯）

【自序】

幫助朱令就是幫助我們自己

第一次聽說「朱令」這個名字還是在九〇年代，真正有機會認真去瞭解她的故事則是在二〇〇六年。當時的我還是復旦的學生，每天穿梭於宿舍、圖書館和南京西路的實習單位，早出晚歸，疲憊不堪。從象牙塔初涉社會的好奇、期待與焦慮、失望交織，一切都是新鮮的。

那是一個社交網絡尚未出現的時代，高校ＢＢＳ是我們獲取資訊、流連忘返的地方。我在日月光華站點（網站）第一次看到十年前一個韶華盛極的清華女生身上發生的悲劇——她原本萬千寵愛於一身，父慈母愛，開朗樂天；她從小到大出類拔萃，卓爾不群，聰慧博學，多才多藝；她更是女孩子都羨慕的那種姑娘，身形修長，面容清秀，從音樂到運動，從英文到化學，都信手拈來，樣樣精通。她從小學到高中一路是重點學校裡耀眼的學霸，彈奏古琴和鋼琴，還是游泳和田徑運動員。到了荷塘月色、菁英薈萃的清華園，她依然是民樂隊的臺柱子，班級裡不必死讀書便能考出不錯成績的優等生。如果後來的事情沒有發生，她應該早已出國深造，成為一名頗有成果的科學家，大概還有著幸福的家庭和其樂融融的生活。

然而，在二十一歲那一年，命運的眷顧戛然而止。她神祕地「病倒」了，深度昏迷將近半年，中國最好的醫院最好的醫生會診救治卻束手無策。她的高中同學們無法接受一個曾經青春美好燦爛炫目的女孩就這樣不明不白離去，想到使用在上世紀九〇年代的中國還是新鮮事務的互聯網向世界求助。很快得到了雪片一般的回覆，全球各地的醫生眾口一詞地提到了同一個元素——鉈。

這是一種令人不寒而慄的化學物質。無色無味，極易溶於水，含有劇毒。人體的中毒症狀即使只是閱讀文獻都會令人不安：肢體劇痛，大量脫髮，視力全盲，對於大腦、神經與內臟的傷害更是難以想像。在朱令所在的中國最好的大學——清華大學幾次三番斷然否認她有可能接觸到鉈之後，在收治朱令的中國最好的醫院——協和醫院不由分說輕率排除鉈中毒可能之後，這個彼時二十一歲的姑娘錯過了被救治的最佳時機，她和她所在的家庭的命運就此被改寫了。

當終於歷經波折被正確檢測和確診，醫生們終於採取對症治療把吞噬她的肌體、美麗與智慧的毒素排除的時候，距離她最早出現中毒症狀，已經過去了大半年。她的生命得以保存，卻永遠喪失了曾經的靈動和美好，雙眼全盲，下肢癱瘓，語言能力幾乎不復存在，智力只剩下幾歲孩童的水準。

而更令人不寒而慄的是，鉈是一種極為罕見的金屬元素，在二十幾年前的中國，瞭解它的毒性，熟悉它的作用，能接觸到它的人寥寥可數。「沒有人會用它自殺，痛苦得太厲害，」一為朱令化驗檢測確定鉈中毒的毒物專家陳震陽這樣說，「這只能是他殺。」也就是說，朱令，是被人投毒的。

從一九九五年到二〇一九年，四分之一個世紀裡，朱令的父母，一對最典型的中國知識分子開始了他們堅毅、淡然、隱忍而又不屈的陪伴，陪伴女兒生活，陪伴女兒經歷時好時壞的健康，陪伴女兒度過一次又一次時代和技術的發展帶來的網絡關注，陪伴女兒永不放棄地期待真相和公義的來臨。他們有著民國時期出生，新中國成長，文革前老一代大學生的那批中國知識分子身上所有的特質，被時代洪流一次次裹挾，不怨天尤人，也不激烈抗爭，不卑不亢，保有尊嚴，平和溫良，但是從不放棄。

我至今記得自己在十三年前那個夜晚看到朱令的故事時所受到的震動，螢幕上朱令中毒前的照片明眸善睞，笑顏如花。而被鉈毒傷害之後，她變得目光呆滯，身軀笨拙，所有生活起居都需要日漸年邁的父母親手照顧。我看著她在ＩＣＵ由於疼痛而睜圓雙眼的照片就會不由自主代入，想像她的痛苦，傷感她的不幸，佩服她的堅強和生命力。多年後我在北京和八十三歲的陳震陽先生交談，他說起鉈毒最大的傷害——劇痛，就猶如用刀割自己的身體，連被子蓋在腳尖都無法忍受。再一次，憤怒、悲傷、鬱結一起襲來，讓人不知不覺淚流滿面。

在中國，永遠有那麼多說不清道不明的謎團和濃霧。一九九五年年末，彼時負責偵破的北京市公安十四處民警告知朱令家人，已經有了嫌疑對象，「開始短兵相接」，「窗戶紙一捅就破了」。民警不可謂不認真盡責，跑到河北石家莊，落實了清華曾經購買鉈鹽的發票，確定清華有鉈，甚至化學系就有學生能接觸到。隨著偵破的深入，一切的疑點指向一個人——朱令的同寢室室友，唯一能夠合理合法進入有鉈實驗室的本科生，孫維。

然而，看似唾手可得的公義卻在令人窒息的迷霧中漸行漸遠。無數輪的權力的博弈之後，案子依然無解，並且在後來的二十餘年裡成為了清華、朱令當年的物化二班同學們、協和醫生們等等牽涉其中的人唯恐避之不及的「佛地魔」。「這事太『敏感』」，是無數善良和渴求真相的人們不斷聽到，無比唏噓、失望的一句臺詞。

在社交網絡時代，很多人曾經樂觀於「圍觀改變中國」。我沒有那麼大的野心和宏願，但我想，或許「圍觀」能為這個不幸的家庭做點什麼。過去的幾年裡，我積極地發帖，翻譯外媒，向關心朱令的人介紹她家庭的最新情況。二〇一三年，由於復旦再一次發生震驚全國的學生投毒案（醫學院研究生黃洋被同宿舍室友投毒致死），人們又一次把目光望向了中毒已經將近二十年的朱令。這一次，無數媒體的聚焦和問責洶湧而至。憤怒的人們甚至自發到了美國白宮的「We The People」網站請願，要求把傳聞中已經移民美國的嫌疑人孫維驅逐出境。

結果可以想見，群情洶湧之後，事情回歸本來。行政無法干預司法，美國政府也不可能為中國的公義充當「信訪辦」或「包青天」。北京公安在沉默多日後發布了一則短暫的公告，宣稱當時「犯罪痕跡物證已經滅失」，導致案件最終無法偵破，並專門強調辦案「未受到任何干擾」。

唯一的好消息是，這之後，朱令一家三口被有關部門安排到了北京遠郊的小湯山療養院，良好的護理和醫療條件是無數善良網民對於真相的不懈追求換來的些許慰藉。

二〇一七年，年近八旬的朱令父母身體狀況已大不如前，但對於女兒的牽掛使得他們一次次從腦溢血、腸梗阻這樣兇險的突發疾病挺了過來。「應該把這個故事記錄下來」，就是這個時候進入他們的腦海的。「或許再不記錄，就沒有機會了。」我於是在二〇一七年年中接受了二老的委託，開始走訪朱令的大學、中學乃至小學的多位同學，以及已經退休二十餘年、被網傳早已離世的陳震陽等等親歷者。並仔細查閱關於這個延綿四分之一個世紀的奇案留在互聯網上的各種文本，開始記錄和寫作這本非虛構作品。歷經一年半，獲得上百小時的採訪，十幾萬字的紀錄，終於成形。

為什麼要寫這本書？為什麼要執著於這個結果看似已經很難改變的悲劇？

我是這樣想的：因為幫助朱令就是幫助我們自己。她的不易就是我們的不易，她的不幸就是我們的不幸。為了我們自己在一個弱肉強食狼奔豖突獨立司法依然缺位的社會裡，「平庸」不會有人嘲笑欺侮，「優秀」不會有人嫉妒加害。能公平地有尊嚴地，活下去。

李佳佳

二〇一九年五月六日

從未遺忘，不敢遺忘，希望有生之年看到真相。

——一名中國網友對清大女學生朱令被下毒事件所下的注解

第一章

有一種叫作「互聯網」的東西

二〇一八年十二月和一九九五年四月

二〇一八年十二月二十日，一年一度的聖誕季即將來臨，美國各大校園都進入了假期的節日氣氛。

美聯社一則篇幅不長的新聞震動了大洋兩岸——一名就讀於賓夕法尼亞州理海大學（Lehigh University）化學系的二十二歲中國留學生楊宇凱（Yukai Yang，音譯）涉嫌在二〇一八年春天長達幾個月的時間裡，緩慢地向自己非洲裔室友的食物和飲用水中投放鉈毒和其他毒物，被檢方以蓄意謀殺、重度襲擊他人、種族恐嚇、毀壞公物等多項罪名檢控，送入賓州北安普敦郡監獄。

受理此案的賓州北安普敦郡地方檢察官莫加內利（John Morganelli）在新聞發布會上，將楊宇凱涉案的相關罪行形容為「奇怪又詭異」（weird and bizarre）。

案情確實使人瞠目結舌，甚至有些毛骨悚然。兩個男孩做室友已經有好幾年，根據檢察官的說明，黑人室友羅耀（Juwan Royal，音譯）甚至一度認為他們關係很好。賓州地方報紙《早報》（*The Morning Call*）報導，周圍的其他人以前也都以為他們關係很好，所以新聞爆出後，很多人十分震驚。

隨之，案情的許多細節也被披露出來。楊宇凱是一名連續三年登上「院長名單」（Dean's list）的優等生，還曾在二〇一八年獲得這所私立學校級別最高的化學獎項。本來順風順水二〇一八年就能畢業的他，在四月突然被開除，原因在於種族歧視——他被發現曾在宿舍內破壞羅耀的床和電視機，並在房間裡多次留下「滾出去」以及有著嚴重種族侮辱色彩的N開頭塗字。

詭異的是，這兩名男生當初成為室友並非被動分配，而是互相主動選擇的結果。可見關係曾經確實不錯，但友誼後來破裂了。

檢方透露，楊宇凱承認自己從網上購買到了含鉈的化學品，偷偷將之放入宿舍共用的冰箱裡的食物中，投毒的路徑還包括羅耀的漱口水和飲料。而受害人二〇一八年二月分喝水時感到有灼燒感，三月分出現了包括頭暈、痙攣、嘔吐、下肢麻木、疼痛等多種症狀。經醫院檢測，他血液中的鉈含量呈陽性，濃度達到每公升三・六微克（μg），高於人體安全限值。檢方還說明，羅耀目前已從理海大學畢業，但仍受到鉈中毒後遺症的困擾。

在看到這則英文報導的時候，我預感到，「朱令」這個名字一定會很快再次登上微博熱搜，就像過去十多年裡我見證她一次又一次成為網路熱點那樣。果然，之後的幾天裡，這條新聞被中文媒體編譯發布，二十三號，朱令登上熱搜——同樣是化學專業高材生，同樣涉嫌室友投毒，同樣發生在二十出頭的韶華盛極時刻。不同的是，一個案情迅速公布，嫌疑人可能面臨二十年乃至終身監禁的刑罰；而另一個，歷經二十三年，真相依舊迷離。

從一九九〇年代中期由於中國第一例互聯網求助全球會診的報導聽說朱令這個名字，到之後得知一個風華正茂的清華才女被人投鉈中毒造成終身殘疾，其後歷經二〇〇五年天涯論戰、二〇一三年復旦黃洋案等一次次網路熱點，我已經對於這個讓人唏噓的故事、朱令一家人多舛的命運和鉈這種恐怖的元素熟悉得不能再熟悉了。這種重金屬元素工業上主要用於電子零件製造，也曾是老鼠藥的成分。它的化合物無色無味，極易溶於水，對人體有劇毒。中毒的症狀包括四肢劇痛、嚴重腹痛、脫髮等等，對於大腦和視神經的損傷也非常強烈。

由於毒性和破壞力極大，美國早在一九七〇年代便禁用鉈生產老鼠藥了。

此時，距離我接受朱令父母的委託，開始嘗試把這個故事細緻地梳理和完整地記錄已經過去了一年半的時間——這實在不是一個能輕鬆講述、並被輕鬆傾聽的故事。但是，正如一位同樣一直關注朱令的網友給我的留言：「從未遺忘，不敢遺忘，希望有生之年看到真相。」

§

「這裡是中國北京大學，一個充滿自由民主夢想的地方。但是一個年輕的女孩正在死去，雖然中國最好的醫院協和醫院的醫生盡了最大的努力，還是不能診斷她是什麼疾病。」

一九九五年四月十日是個星期一。

二十一歲的北大力學系學生貝志城在那一刻還不完全理解互聯網的力量。彼時，互聯網在中國還是新生事物，全國只有三條256K的鏈路（數據鏈）——分別在清華、中科院和化工大學。

這條資訊發布之後帶來的近百回復和驚人流量很快震撼了他。那是北大陳耀松教授搭梯子從清華接線才連上的寶貴的網路，貝志城度過了一個不眠之夜之後，一直待到第二天清晨五點才離開電腦，把一夜之間收到的近百封郵件拷貝到磁碟片帶回宿舍。

求助郵件中提到的女孩名叫朱令，是貝志城在北京二十六中（後改為匯文中學）的初中同學。初三同班過一年，高中又在同一所學校的朱令給貝志誠的全部印象是，「雖然不是班幹部、三好學生那種類型，但至少是個德智體全面發展的好學生。」

在一九九二年兩人分別考上北大力學系和清華化學系之後，貝志城與朱令的交集並不多。他沒有想到，再一次見面，竟然是在協和醫院的重症監護室（加護病房）裡，面對一個氣息奄奄、生命垂危的昔日同學。

貝志城的回憶中，一九九五年寒假，他從同學口中第一次得知了朱令「生怪病」的消息。「現在怪病真多啊，你知道朱令突然肚子痛住院，然後頭髮掉光了，什麼原因都查不出來。」這之後，他斷斷續續聽說朱令出院回家休養，直到四月。

同為貝志城和朱令中學同學的扈斌，至今仍記得自己約貝志城和另一位即將到美國讀研的同學去協和醫院看望朱令的情景。

「你是不是去看看朱令，她好像不行了。」扈斌打電話給貝志城。

「不是已經好了，在家休養嗎？」

「不是，又發作了，而且這次很嚴重，已經在協和的ＩＣＵ昏迷了。」

扈斌記得，當時北京還非常冷，三個年輕人穿著厚毛衣、戴著圍巾，「有點五四青年的勁頭」。在偌大的、迷宮一般的協和醫院裡，三個人找了一陣子才終於到達了ＩＣＵ。

無菌的ＩＣＵ病房，看望的人並不能入內。三個男生要一次一人輪流進入，隔著玻璃看望朱令。病床上，朱令靜靜躺著，剛剛經歷了一次肺部感染導致的急救。氣管被切開，插了管，旁邊有空氣壓縮的機器不停工作。扈斌記得，朱令的眼睛上面蒙了兩塊溼紗布。護士的解釋是，她已經昏迷幾十天，需要保持眼球溼潤，防止視覺機能被徹底破壞。

這場景至今使得貝志城和扈斌心有餘悸。他們的印象中，當時的朱令非常瘦，沒有頭髮、戴著帽子，膚色慘白，半裸的身上插滿管子。

「我們看完以後都很震驚，沒有想到是這麼個狀態，」扈斌回憶。

貝志城更覺得難以接受。在後來的回憶中，他寫道，對於二十出頭的自己，「同齡人的死亡好像是離我們很遙遠的事情。」而一個個輪流站在病床前看望朱令使得自己「不吉利地想到了很像向遺體告別，接著意識到這是一個同齡人處在垂死狀態，忽然產生了一種極強烈的恐懼感想要拔腿逃走，但是雙腿又像灌滿了鉛逃不掉」。

「好不容易磨蹭夠了覺得不失禮節的時間走出ＩＣＵ」的時候，貝志城希望找些辦法安慰在外面等候著的朱令年邁的父母。扈斌記得，由於家屬不能進入ＩＣＵ陪護，他們就在旁邊的過道裡放了一張躺椅。「二老就累了就躺一躺，過夜陪著就這麼躺著。」

未發病之前，朱令清秀的模樣。（朱明新、吳承之提供）

看著兩位老人焦慮憔悴、對於朱令的始終無法確診的病情一籌莫展的樣子，貝志城開始嘗試沒話找話。他突然想起同宿舍的同學蔡全清對他提起過自己在為系裡教授陳耀松實習，研究一個叫作「互聯網」的東西，挺神奇，「可以和全世界聯絡」。貝志城告訴朱令的父母有這麼個東西，或許可以向全世界尋求幫助。

兩位老人不置可否。彼時的他們並不知道「互聯網」是什麼，連續幾十天精疲力竭地照顧女兒之後，他們倆都身心俱疲。在貝志城的建議下，禮貌又淡然的兩老將信將疑地把病歷複印了一份交給他，並沒有抱很大的希望。

反倒是扈斌，在貝志城要走的時候跑出來叮囑：「貝志城，你一定要盡力想想辦法。」

第二章

「要是我們不在了，朱令怎麼辦？」

二〇一七年

二〇一七年四月三十日是個星期天，清華大學一百零六週年校慶。清晨的南校門附近，已經是一片熱鬧景象。進入校門要出示證件證明自己是或曾經是這所享譽全球的頂級學府的一分子。不少滿頭銀髮的校友重返故地，滿臉笑意盈盈。清華園校道上處處可見帶著孩子回來感受父母青春的小家庭，就讀於此的自豪在多年後依然溢於言表。

二〇一七年，一九九二級的物理化學專業本科生迎來了畢業二十週年的紀念。三十一名同學如今已經天各一方，不少早就在海外定居多年。在這個特別的日子裡，有一半人趕回到母校參加慶典和同學聚會——畢業二十年來，這個班級還從來沒有舉行過集體聚會。

其中本就寥寥可數的女生更是顯眼，她們之中有金亞和王琪。而當年與她們有著同寢之誼的另外兩個女孩卻缺席了：她們一個叫朱令，一個當年叫孫維。

事實上，此時此刻，朱令人也在北京，距離充滿喜慶氣氛的的母校校園不過一個小時的車程。而她卻已經再也無法見證和分享這種喜悅。

§

四月二十七日，我走進位於北京遠郊的小湯山療養院一棟不陳舊但卻昏暗寂寥，給人感覺有些壓抑的病房樓。潮溼、陰冷，見不到陽光。走向前臺護士站，說我來看朱令，護士的眼神稍有警惕，但打了個電話跟病房裡朱令的媽媽朱明新確認之後便很快點頭放行了。

走過長長的，寂靜無聲，光線昏黃的走廊，我在盡頭看到了已經站在病房外等候的朱明新。整潔的米白色方格馬甲，一頭銀白短髮梳得整齊不亂，表情平靜和善，眼鏡後面是淡然沉著的目光：「令令正在做練習，」她輕聲說。

我們走進病房，看到朱令四肢被固定在一張一人高的器械床上，在床被一點點搖直至九十度豎立的時候「站立」了起來。

此時的朱令四十四歲，穿著乾淨的白領秋衣，朱紅色開衫，深紫色運動褲。短髮整齊，面龐乾淨。昔日韶華盛極時的靈動和矯健已全然不見。但多年來媒體反覆報導說由於藥物造成「體重超過一百公斤」的臃腫也並不準確。眼前的她看起來行動遲緩，但並不肥胖，下肢肌肉甚至由於長時間不能站立而出現萎縮，顯得比常人細弱得多。

「令令，看誰來看你了，」在母親的聲音裡，她扭過頭，臉上的肌肉顯露出微笑的努力。但是她看不見了。清晨的陽光透過窗戶投射在長長的睫毛上，她的瞳孔呈現淺棕色，眼神有些渾濁，似乎蒙著一層薄霧，她已經幾乎全盲。很快，練習開始，朱令臉上那一晃而過的笑意被痛苦的表情代替。

「這是每天早飯後都要做的，」朱明新說。朱令的脖子上，插進的呼吸管非常惹眼。二〇一一年時，由於肺部感染，她的氣管在喉嚨處被切開，之後六、七年一直未能縫合。這之前，她已經多次經歷肺炎感染，更不要提先後患上的糖尿病、腹部腫瘤、呼吸功能衰竭，一次又一次，朱令被宣布病危，又一次次都頑強地挺了過來。

本該處在生活和事業巔峰期的朱令，一天二十四小時都囿於這小小的病房之中，由此時已經七十六歲的父親吳承之、七十五歲的母親朱明新日夜照顧。之前兩年，爸爸媽媽還會推著她的輪椅走出病房曬曬太陽，這兩年父母親的身體也每況愈下，這樣的小奢侈便也愈來愈少了。

§

由於橫膈膜麻痺，肺萎縮，朱令的右肺已經基本不工作，功能幾近衰竭。現在的她必須全日吸氧，間或用呼吸機幫助呼吸。而腦部損傷又導致氣管長時間處於打開未閉合的狀態，吃東西很容易就發生食物進入氣管導致肺部感染而危及生命。

「所以醫生不讓給她吃飯，但是我們還是偷偷給她吃，」朱明新說。父母每天把蔬菜、主食切磨成糊狀餵給女兒，延續她的一日三餐。即使是這樣，也難免會嗆到。一旦發生這種狀況，需要馬上從呼吸管把食物殘渣吸出。

「既然這麼危險，幹嘛還要給她吃飯呢？能不能輸營養液？會安全得多吧？」我說。

「她的生活品質已經太低了，如果連吃飯這一點樂趣都沒有了……」朱明新感慨。

朱令的小學同學王曉麗記得朱明新和吳承之有多麼在意朱令「特別愛吃」的這個生活樂趣。搬到小湯山之前，兩老在家照顧女兒的十多年裡，為了給她加強營養，節儉的父母專門請了一個阿姨，「做烤雞什麼的，還有蛋糕、巧克力、柳丁，她特愛吃甜的。」高糖分的食物對朱令健康不好，寵愛心切的父母想出個兩全其美的辦法——先給女兒吃些降血糖藥，再讓她享受美食。

用進廢退，喉嚨一直不能縫合，又反過來使得朱令的肺部功能進一步弱化。由於腦部受損，

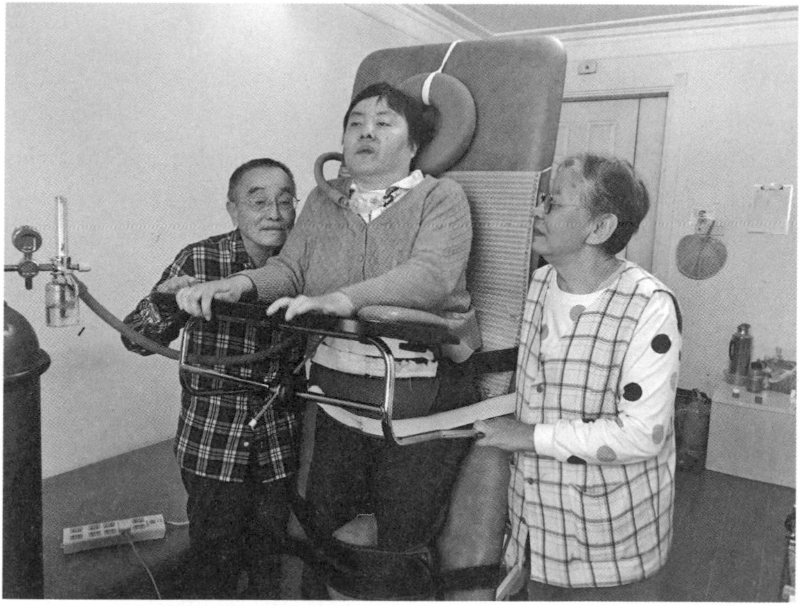

朱令一家三口在小湯山療養院病房（李佳佳攝）

她難以自主呼出二氧化碳，晚上睡覺必須整夜戴上呼吸機。此前做體檢時，血液中的二氧化碳含量已經比正常人高五〇%以上，普通人在這種濃度下會昏迷不醒，而朱令的身體已經有了適應性。

這時，朱令的父親吳承之從隔壁病房走過來打招呼，穿著藍白相間的棉質方格襯衫，短髮灰白整齊，無框眼鏡後面的眼睛明亮淡然，舉手投足間顯露出老一代知識分子標誌性的修養學識和溫文儒雅的氣質。

如今，一家三口都既是病號又互為陪護，小湯山兩個病房的套間，除了提供朱令休養和急救的條件，也使得年近八旬、健康狀況逐漸惡化的兩老有了療養和享受基本醫療救護的可能。

二〇一四年十月，吳承之突發腸梗阻，進行了小腸切除和肛瘺手術。二〇一五年三月再次手術，小腸和大腸重新連接恢復了正常功能。到了四月，他又突然大面積腦梗塞，所幸及時發現，經過搶救恢復了大部分身體機能。四月底出院，手已經不能再寫字。二〇一五年下半年開始，慢性病腰脊柱管狹窄的症狀日漸明顯，走路腿愈來愈疼，只能連續行走幾十公尺，有時甚至連下床都很困難。晚上護理朱令的工作，也只好轉交給朱明新。

但母親的身體也算不得硬朗。二〇一四年，她腮腺腫瘤進行摘除手術，所幸恢復得不錯。但事實上十年前，二〇〇四年她就曾因為勞累過度在家裡摔倒，顱腦內血管破了三根，開顱手術後補了一塊鈦合金板。對於這場意外，朱明新毫無記憶。一個星期之後醒來，對於自己怎麼會摔倒，怎麼去醫院，都是一片空白。吳承之曾經擔心老伴的身體能不能撐得住，「還好，沒有後遺症，心裡的石頭落了地，」他當年告訴記者。那段時間，吳承之非常艱難，醫院裡老伴在手術，家裡還有女兒需要照顧，但樂觀的他依然感慨幸運：「因為醫生很熟悉朱令，一看是她媽媽，立即從家裡趕過來。錢還沒繳大夫已經在做開顱手術了，否則後果不堪設想。真是托令令的福！」

§

儘管已經年近八旬，但兩位老人行動幹練，言談思維都很清晰，既不覺衰老，也沒有悲慟。聽他們平靜地敘述令人心碎的往事，對於來訪的人倒似乎是更大的考驗。

二十餘年間，不少人有過類似的感覺，一方面感到愛莫能助，一方面又被深厚的沉重感折磨。一直深度介入幫助朱令的貝志城這些年很少到訪，原因就是心理上難以承受。事實上，很多人會有類似貝志城在網帖〈現實不是童話〉中所坦承的無力感：「這件我努力過的事情，並沒有像小時候聽的童話那樣有個美滿的結局，所以多年來我一直不願意面對。」

但和朱令的父母談話，並不會感到這種悲痛或沉重。他們極少表現出憤怒、激動或任何強烈的情緒。兩位老人一個平靜淡然，一個樂觀豁達，甚至帶點俏皮。《三聯生活周刊》曾經報導，和這個家庭走得很近的紀錄片拍攝者張瑾記得吳承之時不時表現出的幽默感。「二〇〇八年奧運火炬傳遞，大家看電視，朱令在器械上練站立，他就拿了張報紙捲起來說：『朱令這是火炬，舉著！』」

王曉麗形容這個家庭像一個穩定的「鐵三角」，只要朱令還在，就是一個完整的家。在她眼中，一方面朱令享受著父母毫無保留的愛，另一方面，她也反過來使得父母快樂和堅強。「換上別人，恐怕精神早崩潰了，」吳承之在國家地震局的多年老同事耿慶國曾這樣跟記者喟嘆。朱令的舅媽陳東也在和我見面長聊後感嘆朱明新吳承之的堅韌，「換成是我，做不到。」

事實上，接近這個家庭，並不會感到壓抑，反而會為點滴快樂觸動。在我走進病房的時候，小小的收音機正在播放央廣文藝頻道的《海陽現場秀》，逗笑的段子和輕快的音樂在走廊裡老遠就能聽到。隨著包袱一個個抖出來，朱令的臉上也時不時綻放出笑意。「令令喜歡聽這個，」朱明新說。

在二〇〇五年接受採訪時，朱明新曾向記者回憶十年前的女兒，彼時她剛剛從中毒後長達半年的深度昏迷中醒來，「常常吵著要看書。」但其實鉈毒已經嚴重損毀了朱令的視神經，「後來她明白自己視力已經嚴重受損，就再也沒聽她提過看書讀報的事了。」聽，於是成了後來十餘年朱令最大的快樂。

王曉麗的觀察裡，這個家庭的歡樂瞬間非常動人。她記得自己每每上門看望，朱令的爸爸都會熱情地張羅各種好吃的。朱令有時會「吃醋」，怒氣沖沖地說：「你！你是！我！爸！爸！」看到自己的女兒有情感需求和依戀，吳承之平時不露喜悲的臉上總會毫不掩飾地笑開花。

朱令偶爾會顯示出以往睿智的一面，她聽新聞，聽天氣預報。還會表現出強大的意志力和求生欲望，「普通人可以死千百萬次，她還活著，」王曉麗感慨，她記得朱令清醒的時候跟她爸爸說，「如果你不管我，就再也沒有人管我了。」

狀態好的時候，朱令聽音樂——曾經精湛於鋼琴和古琴的她聽到琴聲往往會很快平靜。張瑾曾回憶朱令聽到彈古琴的聲音立刻說「彈得不好，意境不夠」。但鋼琴則是父母刻意避免的——朱令和姊姊吳令曾經都學習鋼琴。一九八九年，姊姊在一次郊遊中意外失足去世。張瑾說，曾經有一次，朱令無意間聽到鋼琴曲隨之悲痛不已，「叔叔說，她突然想到了姊姊。」

可惜，清醒智慧的時光並不常有，中毒已經二十餘年，神經系統被徹底摧毀，這些靈動瞬間會很快再被混亂和迷惑取代。狀態不穩定的時候，朱令會以為自己還在大學裡，有時對父母大發脾氣。「吳承之！走開！」她會說，「讓我去實驗室！」王曉麗覺得她已經變成了另一個人，一個殘存了朱令的身體和一些靈魂的人，「她不再是以前的朱令了，一個那麼美麗優雅的女性，變成了一個中年婦女。」

照顧護理智力和身體殘疾的病人並不是件輕鬆的事情。多年來和這個家庭保持緊密接觸的王曉麗感慨朱明新吳承之的不易。完全失去自理能力的朱令無論是身體的清潔、大小便乃至生理期的清理都需假手他人照顧，更不要提各種肢體練習和身體移動，二十餘年來都是兩個老人親力親為。「尊嚴沒有了呀，」她說。

尊嚴——這個詞，對於這個三口之家是一條始終隱隱存在的線。兩位理工科知識分子，把悲傷和痛苦小心地遮蓋好，體面而不卑不亢地保護和支持女兒體面而不卑不亢地生活。張瑾曾經向媒體講述過兩件事，「朱令當年在宣武醫院住院，有個康復大夫想用她做一個教材，講如何讓病人站起來，阿姨雖然不想讓人拍這樣的朱令，但她也想，朱令已經成這樣了，還能為人類、為康復事業做點事，她願意，相信朱令也願意的。汶川地震，阿姨用朱令的名字捐了錢。她想告訴大家，朱令還活著，有情感、有尊嚴地活著。」

§

對於小家庭此刻的境況，二老已經覺得寬慰。在過去二十餘年裡，雖然每過幾年朱令就會再次引起公眾關注，但兩位老人家在位於北京方莊那座始建於九〇年代的老樓小家裡照顧女兒的狀況基本沒有改變。記者、熱心網友、志願者們來來往往，川流不息，帶來關心和幫助，又都慢慢淡

彈琴的朱令。兩姊妹搶鋼琴曾是這個家庭時常出現的有趣畫面。（朱明新、吳承之提供）

去。

二〇一三年前的十八年，這一套樓道光線昏暗、貼滿各種紙張、頗有些崎嶇難找的民房就是朱令一家三口的家和長期病房。房子大約一百平米（三〇．二五坪），分為四室一廳，每個房間都被兩老收拾得小而整潔。內飾是九十年代裝修剛興起時的風格，淺色壁紙，綠格子地板總是擦得乾乾淨淨。事實上，從九五年朱令中毒之後，這個家漸漸已是家徒四壁。不少記者描述過看到的情景：陳設簡單，牆皮脫落，書櫃裡滿是藥物和保健品。照顧朱令的小房間只有一張小床和一張病床，氧氣瓶常年矗立著，讓人感覺像是置身醫院的病房。

在二十一世紀開頭幾年到朱家採訪的記者描寫過窗臺上的小花，也提到過朱令最喜歡別名「死不了」的馬齒莧——這種小花看起來樣子平常，但生命力極為頑強，掐下一截兒，即使已奄奄一息，但重新插在土中，稍有滋潤，仍能神奇般成活。這個喜歡「死不了」的姑娘，就擁有和這種看似平淡無奇的小花一樣堅強旺盛的生命力。

那些年裡，為了照顧女兒，朱明新和吳承之養成了一套獨特的生活習慣。朱明新每天從淩晨到中午值班看護，吳承之則負責中午到子夜的時段。一家人中午的時候才能聚在一起吃頓午飯，老倆口互相交流女兒的病情。

房間裡，堆滿了吳承之自製加工的各種復健器械和工具。由於腦萎縮造成的損傷，朱令的平衡能力幾乎完全喪失。王曉麗記得，看望朱令時常常會聽到父母像對小孩子一樣要求：「坐直。」對於坐著坐著便倒下去，手上拿著杯子水也常常潑灑出來的朱令而言，平衡，這個普通人看來簡單的任務，卻是十年如一日的練習。

§

退休前，吳承之是國家地震局高級工程師，朱明新則是中國遠洋運輸總公司高級工程師，享受國務院特殊貢獻專家津貼。這個家庭曾經衣食豐裕，生活無憂。一九九五年朱令中毒後，本來工作繁忙、極有事業心的朱明新不得不提前退休照顧女兒。搬到小湯山前，朱令每月的醫藥費在五、六千元，父母的退休工資只是勉強能夠承擔必要的生活開銷，其餘全部用在女兒身上，早已捉襟見肘。原本做為受過高等教育的知識分子，老兩口的收入可以過上舒適的退休生活，但為了照顧朱令，一家人即使極盡節儉，也幾乎窮盡了積蓄。兩人最擔心的，就是一旦他們離世，朱令的生活該如何延續。

二〇一三年，由於復旦大學研究生黃洋中毒的案件，朱令重新回到大眾視野，這一次的力度和熱度都前所未有。網路關注在短時間暴增成百上千倍，憤怒而機智的網民們甚至想到了去美國白宮的「We the People」（我們人民）網站請願。徵集到的實名簽名幾天內就突破了十萬。二十年正義和真相的缺席，加之嫌疑人當下身處美國的傳聞，使得人們飽含熱情又幾乎是孤注一擲地使用這種大洋彼岸的「線上上訪」方式。

那是歐巴馬政府於二〇一一年在白宮網站上啟動的網上請願系統，只要通過電子郵件地址註冊，就可以發起請願，要求請願或者參加請願。根據當時的規定，請願內容只要在三十天內得到十萬人簽名支持，就可以得到白宮的答覆。

發起人是一個署名「YZ」、位於邁阿密的網友，他寫道：「清華大學學生朱令於一九九五年遭人兩次蓄意用致命化學物鉈下毒，由此導致其終生癱瘓。有跡象顯示其室友孫某有做案動機，而且有機會獲取此致命化學物……還有資料顯示孫改了名字並通過婚姻造假進入美國。為保護我們公民的安全，我們籲請政府開展調查，並將孫驅逐出境。」

這種只要註冊就能請願，甚至可以使得美國聯邦政府做出回應的低門檻資訊公開行動，無疑使得無數關心朱令的網友歡欣鼓舞。更重要的，有可能借助一個有民主法治傳統的國家的公共平臺獲知被隱瞞的真相、懲罰千夫所指的嫌疑人，更是中國社會無法想像的奢侈。迅即，這場大洋彼岸「洋信訪辦」的請願行動被出口轉內銷，流行於當時如日中天的微博和剛剛興起的微信。

新華社、《環球時報》、《人民日報》罕見地以〈三萬人簽名要白宮介入朱令案〉為題，報導了這場民間輿論場上的公眾行動，地方報紙隨後發表〈十萬人白宮網站簽名，要求驅逐朱令案嫌疑人〉的消息：「至二〇一三年五月六日十六時零四分，朱令案白宮官網請願量突破十萬人。」

朱令父母沒有想到會出現這樣的情況，他們一貫的謹慎處事方法沒有變化，認為這「並非尋求正義的合適方式」，「不參加也不支持白宮請願，依然相信正規管道。」

兩年之後，白宮做出了遲來的回應：表示對朱令的遭遇感到理解同情，「發生在一九九五年的朱令中毒事件是一個悲劇，任何一個年輕人都不應該遭受如此苦難，而我們也理解這件事對她的親友是多麼大的打擊。」但「拒絕對請願中的具體請求做出評價」。

§

由在北美的朱令大學同學童宇峰和長期關心朱令的何清管理的「幫助朱令」基金會也在當時的一份聲明中回應說：「關於白宮請願，首先，這個請願書相當草率，文法、基本事實謬誤不少，訴求也不成立；其次，國外政治力量的介入恐怕只會阻礙朱令事件的解決。」聲明還指出，請願書中的「Jasmine Sun」是孫某的說法並沒有被證實，而孫某是否在美國也沒有確證。

儘管這種善良而樸素的追求公義的想法未能成真，事件帶來的極大輿論關注卻是不言而喻的。何清記得，從二〇〇四年基金會成立以來，以往捐贈大約總數為三十五萬元，二〇一三年四月之後，一個多月就達到了將近一百萬。之後雖然慢慢冷卻，但每年也依然會有數萬到數十萬的捐助進入朱明新的支付寶帳戶。

與此同時，朱令當年的室友們也在這段時間一一被網友挖出關注。除了嫌疑人孫維，還有網友認為她的另兩名室友也是「共犯」。在人肉搜索發現其中的王琪和她的丈夫、同為朱令所在清華物化二班的同學潘峰當時於廣發基金公司擔任高階主管之後，「金融戰」上演了。這是朱令的同情者們針對廣發基金發起的做空威脅，他們希望通過這種辦法懲罰王琪夫婦。

洶湧的民意同樣引起了官方關注。二〇一三年五月，記者們絡繹湧入朱令家時，警方也來到了朱令家，在九〇年代後期案件的偵破工作似乎不了了之後，這還是第一次。當記者密集的時候，一天曾有六個警員到朱令家挨個查問到訪者的身分，檢查每個人的證件。

朱令父母是非常典型的中國老一輩知識分子，溫和友善、勤於工作、循規蹈矩、遵章守紀，幾十年來連與人發生衝突都非常少。二〇一三年女兒的境況引起巨大關注的時候，不少外媒打電話來希望採訪，夫妻倆都謹循著照章辦事、不惹麻煩的原則婉拒了，「我們先在內部解決好。」

儘管朱令父母選擇盡一切可能小心謹慎，審查機器還是開動了。二〇一三年五月三日，在白宮「We The People」網站出現呼籲美國當局調查和驅逐孫維的請願的這一天，「朱令」、「孫維」以及「鉈中毒」都成為了當時如日中天的新浪微博上禁止搜索的「敏感詞」。

然而，這種消極圍堵和笨拙遮掩的策略適得其反，網友立即被激發起了更大的怒火和對官方更嚴重的不信任。「朱令成為敏感詞」一本身登上了全球範圍的新聞標題。不得已，兩天之後，朱令鉈中毒等相關資訊被放行允許搜索。

終於，到了五月八日，在網路洶湧民意發酵近一個月之後，北京警方在官方微博發布消息，稱對「朱令令案」未獲得認定犯罪嫌疑人的直接證據，並強調專案組始終堅持依法公正辦案，未受到任何干擾。但是，「礙於證據滅失等客觀因素，此案最終無法偵破。希望社會公眾能夠理性客觀看待，尊重偵查工作規律，理解支持公安機關依法辦案。」

§

儘管民意至此被陡然「降溫」，官方的關注卻並沒有終止。十八年過去，以前朱明新熟悉的民警已經退休，新接手的負責人在這次關注高峰之後把一家三口安排到了小湯山，並解決了住院費和醫療費。

吳承之回憶，那是二〇一三年五月十日，北京市公安局副局長前往朱令家探視，隨後在北京市公安局、衛生局等部門協調下敲定安置方案。首先安排朱令到友誼醫院的「高幹樓」進行體檢，之後召集二十多位專家進行會診，對於下一步治療提供建議。最終，有關主管部門確定，北京市醫療系統中，小湯山醫院適合一家人的居住療養。

這是一家二〇〇三年「非典型性肺炎」SARS肆虐之際，由於地理位置遠離喧鬧的北京市中心、利於隔離的「優勢」而被做為對抗非典主戰場的醫院。彼時，這座地處遠郊、占地寬闊的醫院短時間內緩解了疫情重擊之下北京病床緊張的窘況。蒼白的病房和醫護人員的消毒服裝，曾是那段時間中國媒體鏡頭中幾乎成為集體回憶的共同主體。SARS之後的十年裡，這裡迅速回歸平靜，甚至寂寥到有些淒涼。

已逐漸轉型為療養為主、治療為輔的療養院，擁有充足的床位和空間提供給朱令一家三口，具備基本的醫療和藥品資源，同時遠離市區、媒體的追逐和公眾的注視，小湯山顯然成為此時此刻對於主管部門而言最為理想的不二選擇。

但吳承之朱明新最擔心的，是小湯山距離市區較遠，一旦女兒發生緊急狀況，急救條件有限。官方隨即承諾，北京市友誼醫院可以提供急救「綠色通道」，保證突發狀況發生時的處理。於是，二〇一三年七月九日，朱令一家搬到了小湯山。

朱明新苦笑，「如果沒有大家的關注，我們不可能有現在的待遇。但是他們也有一個條件，就是不要接觸外面來採訪的人。住在這兒得把『朱令』改成『吳令』，進來訪問的人都得要登記身分證。後來我們看了一下，那一頁，都是專門登記訪問令令的人。」一住進小湯山的第二年，曾有一名攝影記者希望給朱令拍照。因為機器特別大，醫院院長都被驚動了，「就過來訓了他一頓，不讓他拍。」

朱令父母對於這裡急救條件較差的擔憂一語成讖，一家人三次因為友誼醫院的「綠色通道」轉危為安。二〇一四年年初，朱令肺部感染導致肺衰竭，送到友誼醫院搶救，急救醫生為她插了呼吸機輔助呼吸，經過四十多天終於脫險。當年十月，吳承之突然腹痛不止，在小湯山無法確診，急送友誼醫院發現是腸梗阻，緊急手術割掉半公尺的小腸後轉危為安。二〇一五年秋天，吳承之在女兒病床前突發腦梗塞暈倒，急送友誼醫院搶救，住院十幾天後恢復良好。他自己感慨，剛暈倒的時候右邊身體「基本癱了」，寫字都很困難。但硬是一點點恢復了過來，「醫生們都很驚奇，真是沾了女兒的光。」

那之後，像此前一次次熱點輿情轉淡一樣，一家三口在小湯山的生活又漸漸平靜。以前的十八年，在他們簡陋窄小的家裡，兩人十多年如一日，每天為朱令清理氣管：霧化、清痰、洗肺，注射胰島素，一勺一勺餵飯，幫她翻身。在小湯山的日子依然每天重複著前一天的軌跡，只不過，有了醫生和護士在旁。

曾經，朱令父母和朋友們都抱著她能慢慢好轉的希望。發現朱令保留有遠期記憶的時候，王曉麗曾經嘗試用兒時的事情來刺激她：「她記得小孩子的事情，但是沒有近期記憶。大學只記得一些，之後是空白的。我想這是一個好的途徑，和她交流溝通。」王曉麗還嘗試張羅各種民間偏方，中醫療法，針灸推拿，但都沒有作用。「幾年的努力，發現其實是於事無補的。後來我理解了，關於這個病不要太理想化，不要夢想著她能站起來。腦萎縮，是器質性的病變。」

朱明新和吳承之也經歷了一樣的心理過程。從一九九五年朱令中毒便提前退休以來，他們每天二十四小時看護著女兒，沒有睡過一個整覺，沒有一起吃過一頓悠閒的飯。「叔叔能去一個小店吃一晚上的東西，對他就是很大的一個放鬆和享受，然後很快又要回家照顧令令，」王曉麗說。但看著朱令的健康狀況逐漸螺旋式下降，曾經滿懷期待她有一天能好起來的父母親已經漸漸不再抱有希望。

曾經，朱明新不斷訴說自己有兩個最大心願：一個是女兒康復；一個是公安機關能抓到兇手，一切真相大白。年復一年，兩個希望都顯得愈來愈依稀和渺茫。在女兒剛剛醒來的那幾年，她時不時會給父母帶來一些希望的火花，有時會突然認得了一些人和一些東西，有時會猛地想起一些以前的事情。朱明新曾對記者說：「如果能有好的辦法治療，賣房子也值。」

但是這樣的瞬間每每稍縱即逝，「那種感覺往往就是一瞬間，剎那之後，再找到這種感覺就得幾個月，甚至幾年。」

來看望這個家庭的人，都有一種共鳴：朱令的父母在巨大的痛苦和悲劇面前保持著極好的克制和隱忍，沒有歇斯底里，不曾絕望崩潰，甚至會反過來給探訪的人安慰和力量。王曉麗把這歸結為一個字「悟」：「當我生活當中遇到艱難的時候，叔叔會反過來開導我，讓我去悟。他說『我不悟能走到今天嗎？』所以你需要去安慰他們嗎？不，他們會開導你的。」

王曉麗記得，她唯一一次感覺到老倆口情感流露的時刻，是去吳令的墓地掃墓。「當時有一個電視臺女記者去採訪，長得有三分神似姊姊。他們說姊姊活著的話應該是這個樣子，應該也這麼大了。」她記得，即使那次掃墓時，老倆口依然是不變的堅強和慰藉。「叔叔跟姊姊說話，說妳放心吧，令令現在很好。」

§

在小湯山醫院的一整天，吳承之和朱明新按部就班地忙碌著。該誰去為朱令做康復訓練，誰去買飯，誰來餵飯，有條不紊。中午，吳承之催促朱明新帶我到醫院旁邊的餐廳午飯，自己留下在病房「值班」。飯桌前，平素一向吃飯清淡簡單的朱明新關心地讓我多吃點。閒談間我說起看到朱令過去二十多年的遭遇，我就再也不能相信善惡有報這樣宗教色彩的預言。朱明新感觸地點了點頭，「是的，這世上有的人就是幸運，有的人就是不幸。」這是我第一次目睹她很少有大喜大悲的神色中，流露出強烈的情緒和無力感。

「所有的父母都會這樣照顧子女的，這沒什麼，」她說。

「我們注意飲食，希望盡量能活得久一點，要是我們不在了，朱令怎麼辦？」

第三章

朱令與她的家人

一九九二年以前

一九四一年出生的吳承之祖籍浙江溫州樂清，文革前他考入剛剛建立、尚在北京的中國科技大學地球物理系學習無線電遙測，認識了北京知識分子家庭出身的姑娘朱明新。

甫一建立，中科大便承載了衛星上天的使命，在百廢待興的新中國有著舉足輕重的地位。一九五八年學校誕生，郭沫若擔任首任校長，彼時科學院的一些權威大家，從嚴濟慈到華羅庚，都到科大去教課，知名度和認可度與清華北大不相伯仲，三所高校並稱中國高等教育的「三駕馬車」。「當時好多上海中學的、北京四中的學生都考科學技術大學，」朱明新回憶。

二十世紀六〇年代，吳承之畢業便被分配到中國科學院地球物理所，投入原子彈爆炸的研究工作。而朱明新，則被「發配」去了山西運城搞「四清」。這是響應毛澤東號召於一九六二年底，在中國農村逐步推開的一場政治運動，要求知識分子和農民同吃同住同勞動，意圖「反修防修，防止演變」。運動最初的口號是「清工分，清帳目，清財物，清倉庫」，後來擴大為「清政治，清經濟，清組織，清思想」，被稱為「大四清」。朱明新把這些難記的口號概括為「整人」，「他們的那些幹部，原來的大隊長，有什麼問題，我們就去，就是整他們。」

此時的吳承之被安排在中國第一顆原子彈爆炸任務的前沿奮戰，調到了大西北做實驗。朱明新回憶，後來年紀大了，吳承之一口牙齒全部掉光，「便是那個時候留下的後遺症。」

大亂時代的中國，政治運動一個接著一個，計畫趕不上變化。「四清」還未結束，一九六六年來了。這一年四月，朱明新回到北京，之前還一腔熱血「四清」的人倏地一下就全散了。吳承之和朱明新的科大同學們，幾乎全部留在地球物理所工作，核心就是「搞衛星」，而朱明新則被分到了生物物理所。所謂生物物理所，依然圍繞著衛星上天，「是搞動物上天的研究所。」

一九六七年，吳承之和朱明新結婚。時值文革初期，人心惶惶，科學院的人每天無所事事，既不工作也不科研，「人們的常態就是一天天晃啊晃，這兒批批那兒鬥鬥的。」一九六八年，新技術局成立，就把「搞天上的技術」的人都抽調到國防科工委（俗稱「五院」）去了，吳承之和朱明新也在其中。

一年之後，夫妻倆迎來了第一個愛情結晶，給寶貝女兒取名「吳今」。四年之後的一九七三年，小女兒也來到了這個世界。夫妻倆決定姊姊跟爸爸姓，妹妹跟媽媽姓，取名「朱令令」（大家習慣稱她為「朱令」）。一對理工科高知迎來了兩個可愛的女兒，即使身處文革大亂之中，也感到生活的幸福和甜蜜。

§

在二十世紀七、八〇年代的中國，無論物質還是精神都單調匱乏。夫妻倆卻盡其所能地給女兒們創造好的學習條件。在清華園長大的朱明新從小就喜歡彈鋼琴，但在她成長的年代，擁有一架鋼琴是近乎不切實際的奢望。朱明新的弟弟朱明光記得，少年時代，姊姊買了一大摞鋼琴譜，到清華的音樂教室練習。曲譜很厚、硬皮、用網編成，她視若珍寶，愛不釋手。文革時期，這些琴譜和其他的書籍一樣被「處理」掉，使得朱明新憤怒、傷心了很久。

有了自己的女兒，夫妻倆便決定彌補這個遺憾，即使家裡並不寬裕，還是在八〇年代初為女兒們添置了一臺鋼琴。

學琴成為了兩個小女孩的巨大樂趣。吳今很快便進步迅速，以至於教學的老師都嘖嘖讚嘆，最後甚至主動提出不再收費，免費教這個聰穎的學生。妹妹也羨慕極了，學琴益發用功。於是，姊妹倆爭鋼琴成為了這個小家庭常常出現的景象。和不少學琴的孩子要被家長催促甚至強逼著練琴不同，舅舅朱明光記得那讓人忍俊不禁的畫面，「她們倆誰先放學回家，誰就先搶到彈鋼琴。」

後來網上廣為流傳的一篇名為〈朱令家庭小傳〉的文章這樣描述姊妹倆：「姊姊更漂亮一點，妹妹身材高一點，兩人各有千秋，都是人見人愛的女孩兒……至今我還記得當年到她們家玩，姊倆在一個鋼琴上合奏的樣子。當時演奏的曲子是〈小狗圓舞曲〉，曲風詼諧幽默，那時他們一家人充滿了歡笑，是令人神往的美滿家庭。」

那大概是朱令家最幸福的一段時光，兩個女孩懂事又聰慧，多才多藝，歡笑常伴。

一張一家四口吃生日蛋糕的黑白合影上，兩個女兒都笑顏如花。姊姊像媽媽，妹妹則跟爸爸更相似。照片上，吳今的微笑顯得內斂矜持，還穿著光明小學校服的朱令，則陽光明媚，燦爛如花。朱明新說，兩個女兒的性格也確實如此，一動一靜，迥然相異卻又相得益彰。

「朱令有點像《紅樓夢》裡的史湘雲，嘻嘻哈哈，沒心沒肺。她姊姊有點像林黛玉，憂鬱，遇到什麼事不高興，就拿一本英文翻譯或者是做一些題目，用這種方式來反應她的不高興。」朱明

朱令一家四口珍貴的合影（朱明新、吳承之提供）

新回憶。

舅舅朱明光印象中，也記得吳今性格中的爭強好勝和內斂沉鬱，「很有想法，從小眼睛就特別有神，是幹什麼事都想拔尖的那種小孩。」他推薦從小就閱讀廣泛的外甥女讀羅曼．羅蘭的《約翰．克里斯多夫》。在吳今後來的作文中提到，書中的人物安多納德對她影響很深。小說中，這個法國女教師性格鬱鬱寡歡，最終為了主人公克里斯多夫獻出生命，是個不折不扣的悲劇角色。

吳今是在文革剛結束時進入光明小學就讀的。彼時中國教育剛剛從巨大的混亂中恢復，百廢待興。大城市尤其是北京開始重新嚴格執行規則，要求入學必須年滿七週歲。吳今對於小學一年級的功課信手拈來，遊刃有餘。朱明新便跟學校老師請求讓女兒跳級，「老師說妳給她做一下卷子。於是我就把高年級的卷子給她做，全都做出來了。我讓她就跳了一級，小學一共只上了四年。」

朱今的小學同學王曉麗記得，到四年後她們也進入光明小學的時候，吳今的大幅照片和個人介紹就懸掛在教學樓的樓道裡，「那是我們的學姐，非常優秀！」

§

與多愁善感、對己嚴苛的姊姊相反，朱令從小性格就非常開朗樂觀。朱明新回憶，兩姊妹小的時候，每到暑假，她就把她們留在家裡，自己上班去，兩個人都會自覺學習。期末考試後問考得怎麼樣，姊姊常常垂頭喪氣地說，考得不好。而朱令則會開心地說，「我考得不錯！」後來媽媽得知，兩個人都考了第三名。

相較吳今，朱令性格更加外向，興趣廣泛多元。根據和她一同入讀崇文區光明小學、後來又一同升入北京匯文中學的髮小扈斌回憶，小學的朱令成績拔尖，很快擔任學習委員，體育也同時一枝獨秀，「游泳特別棒，而且感覺她在學習、游泳這些事情上都不是特別累，很自然的狀態。」

王曉麗也記得，在區裡面相當不錯的光明小學裡，朱令從小就是受老師青睞的佼佼者。「她比較早慧，很愛學習，老師對她非常的憐愛和喜歡，還會跟她說『妳去玩會吧』。」她印象裡，從小就覺得朱令是個「科學家苗子」。「我們小時候的科技手工課，她交的手工模型是一個日晷。故宮裡的日晷是石頭制的，她的是紙。對一個小學生來說，做這種光照的計時器，很成熟。」

女兒們的早慧，朱明新在四十年後回憶起來還如數家珍，她記得自己完全不用操心她們的學習，孩子們上小學的時候她有時叮囑一句沒事做做數學題，不必多說，回家時就發現都已經做完了。這種自律使得工作忙碌的父母很放心，吳承之記得，當時中央電視臺開始播放少兒英語學習節目《跟我學》（*Follow Me*），兩個孩子便自覺地每天跟隨學習，根本不需要大人叮囑。

朱明新覺得家庭氛圍在不知不覺之間影響了兩個女兒，「因為我們都是做技術工作的，總覺得應該多學一點東西，知識就是力量。我有的時候會說，『我也不可能給妳們留太多的錢或者物質，就希望多學，儲備一些知識，這是最大的財富。』」

王曉麗也被朱令的知識面和好奇心折服。她記得小學時到朱令家玩，她出了個遊戲點子：「在一個小鍋裡面煮葉子，煮完以後用個小牙刷拍，把葉肉拍完了只剩下葉脈。然後把它夾在書裡面做書籤。」

家庭的影響或許源自書香門第的傳統。朱明新的父母也是知識分子，姊妹倆的外公朱啟明早年曾參加一二．九運動，一九七〇年代末文革平反後擔任北京市高級法院顧問。朱明新記得，小時候父母不允許她看小人書，買的都是巴普洛夫之類的科學家傳記。做為一九三〇年代在燕京大學西語系學習的民國時代知識分子，朱啟明的外語非常好，兩姊妹從小便得到外公的教導。在文革中後期中國封閉的社會環境裡，學習外語是一件堪稱奢侈的事情，但姊妹倆的外語水準比一般同學高出很多。

就像蜘蛛人的名言，能力愈大，責任愈大。朱令在升入匯文中學後，成了班上的英語課代表。中學階段的閨蜜孫濤（化名）記得，每天早上朱令都會為大家領讀，發音標準，不厭其煩。鋼琴的特長也使得文藝成為中學階段的朱令身上的一張標籤，「那會兒很早，有文藝特長的孩子不是很多。每到新年晚會，她都會特別熱心地張羅，」孫濤說。

朱令中學老師的評語也印證了這一點。在一篇要求書寫自己的中學命題作文中，朱令說她的特點是樂觀、真誠。朱明新記得，老師的回饋是，「寫得挺好，看妳這篇文章就好像看到妳這個人一樣。」

§

一九八七年，從匯文中學畢業的吳今以崇文區理科狀元的成績考入當時極為熱門的北京大學生物系，繼而在強手如林的北大繼續耀眼地出眾著：成績拔尖，彈鋼琴，跳芭蕾，並很快成為了北大校舞蹈隊的主要成員。

大二時，吳今在英語寫作課中完成了一篇英語作文的作業，題目是：'To be or Not

to be: The meaning of life, the meaning of death’（生，抑或死？——生命的意義，死亡的意義）。這篇文章後來被翻譯成中文刊登在了《北京大學校報》上。一個二十出頭的女孩思考生死，似乎並不常見。而更讓人難以置信的是，這竟然一語成讖。

一九八九年四月一日是一個週六。正在讀大二下學期的吳今和同學一起到距離北京一百公里外的河北保定淶水縣境內的野三坡春遊。第二天，原本決定下午返回北京的她因為考慮到五四大運會團體操的排練而決定在上午提前返校。和另外兩個計劃上午返回的同學一起走向車站時，她意猶未盡，想再爬山看看景點，就此和同學分別。兩位同行的同學以為她會與計劃下午返回的同學匯合一起回校，便先走了。

當下午第二組同學也返回北大後，兩批同學都以為吳今回家了。直到四月三日週一上課時，她沒有出現，打電話發現她也沒有回家，大家這才著急起來。吳承之朱明新夫婦和一些同學當天立即前往野三坡尋找。第二天，也就是她失蹤五十多個小時後，人們在山腰找到了吳今的遺體。

這件事情之後被警方定性為意外失足摔落山谷。

如此突然的變故給這個家庭帶來了沉重的打擊。朝夕相處陪伴自己十多年的姊姊陡然離去，給當時只有十六歲、正上初三的朱令帶來的傷痛可想而知。朱明新回憶，「她一直很想姊姊，很傷心。」

貝志城印象中，這個活潑的女孩子沉默了好幾個月，後來「雖然恢復了，但總有些不同」。扈斌也記得，朱令「沉默了，不像以前那樣少年不識愁滋味的狀態。此前朱令的學習成績在年級裡面一直都是拔尖的，出事後受到了一些影響」。孫濤還記得，朱令在學校食堂邊上的小花園裡面栽了一棵樹，紀念姊姊。

§

所幸由於一貫的出類拔萃，朱令獲得了在匯文中學保送高中部的資格。高中階段，儘管比起過去話少、安靜了，但朱令在大家的關心之下漸漸恢復。在這所幾年前自己的姊姊曾經創造榮耀的名牌高中，她的學習很快又如魚得水。

多年同窗的扈斌讚賞匯文中學給予朱令保送的「仁義」。這是中國最早的一所教會中學，始建於一八七一年，最初為美國基督教美以美會（The Methodist Episcopal Church）設立教堂時附設的「蒙學館」，一九五二年被新中國北京市人民政府接管，更名為市立二十六中。後來，在一批老校友的努力下，一九八九年又重新恢復校名「匯文中學」，並掛上了早期的英文銘牌——Peking Academy。

匯文中學的校訓是「好學近乎智，力行近乎仁，知恥近乎勇」，為北大老校長蔡元培題寫。這是一所很有「自由民主、以人為本」理念、深受西方價值觀影響的中學，在當時應試教育已初現雛形的時代，竟然並不強迫學生們上晚自習。在寬鬆且尊重個人興趣和發展的氛圍裡，兩姊妹不但學業驕人，還一個舞蹈極其突出，一個民樂造詣出眾。

關於高中時代的朱令，從高一開始和她同班的閨蜜胡雪逸脫口而出的是「學霸」——而且是學習、體育、音樂、美術俱佳，一個多才多藝的全能型學霸。和其他花季少女一樣，彼時的朱令和高中裡另外四五個女同學關係很親密，高中三年常常在一起嬉笑玩鬧、陪伴成長。胡雪逸形容朱令是典型大大咧咧的北京大妞，極其活潑開朗，「永遠嘻嘻哈哈，有時候馬馬虎虎走路跌跟頭，我們笑她她也無所謂。」

在高中裡，朱令還開始了古琴的學習。和如今不願意孩子「輸在起跑線上」的父母為幼年的孩子報各種樂器班奧數班外語班不同，從來很少讓父母操心的朱令是高一時偶然聽到古琴的樂聲覺得悅耳，主動表達希望學習的。父母做的只是幫她打聽哪裡能買琴，哪裡能找老師學，其他的事情便都由她自己完成。舅舅朱明光記得，朱令很有興趣，學得很投入，「還說過想編一本（曲譜）書呢」。

跟古箏不同，古琴相對更加偏門和冷僻，教學的老師看到這個有悟性的姑娘願意學習和傳承非常高興，和她相當投緣。就和當年姊妹倆學鋼琴優秀到愛才的老師主動免去學費一樣，後來古琴老師也不再收費，而是改成和朱令「切磋技藝」了。吳承之記得，朱令病倒後，古琴老師還帶了一張明朝的琴來看她，「給她彈了兩個小時，聲音真是好聽。」

一九九二年，朱令參加高考，她的夢想曾經是同樣考入姊姊入讀的北大生物系，考完覺得發揮似乎不夠滿意，對詢問的媽媽說「但上清華應該是夠了」。事實上，一方面，九〇年代初的北大第一學年必須強制軍訓，朱令不想這樣花掉一年時間。另一方面，姊姊在北大出了事，朱令情感上一直有些難以接受，後來舅舅朱明光回憶，「她會覺得，當時他們（吳今的同學）怎麼能就拋下她呢？」雖然彼時的清華學制是五年，時間顯得漫長，但英語優異的朱令已經打定主意，畢業就出國留學。

多年後的朱明新有過一絲懊悔，如果當時不讓朱令到清華學習，或者不選擇化學專業，很多事情可能就不會發生。然而在一九九二年，清華對於這個家庭來說，是個很有感情的選擇。朱明新記得，剛剛建國的時候因為母親在清華附中任教，自己家就住在清華園。後來，朱令舅媽陳東的父親也在清華教書，舅舅、舅媽家就在清華校園裡。因此，對於朱令來說，重回清華有種回家的感覺。對於古琴的熱愛無以復加的她而言，也沒有什麼能比經常去舅舅舅媽家練琴更開心的了。

於是，一九九二年九月，十八歲的朱令邁進了清華大學化學系物理化學與儀器分析專業的大門。

第四章

進入清華

一九九二年到一九九三年

在距離今天已經四分之一個世紀的一九九二年，一段段看起來擁有明亮而錦繡的未來的青春即將展開。在這裡，朱令遇到了另外三個同樣優秀自信、雄心勃勃的女孩。

開學第一天的傍晚，清華大學化學系物理化學和儀器分析專業九二班（後來簡稱物化二班）的二十九位本科新生們坐在清華園著名的荷塘月色中，開始第一次集體活動：老師讓每個人用家鄉話介紹自己從哪裡來。

北京人總是對北京人最敏感，北京考生張利很快記住了同班同學裡，張磊和孫維同樣來自北京。他記得，從內蒙遷來北京多年的張磊順口說了句粗口「丫挺的」，孫維立刻打斷：「這是罵人的話！」後來，孫維給張利留下了相當不錯的印象，是個「挺開朗挺幽默，平易近人」的北京女孩。

這一天的上午，物化二班新生們在清華的主樓廣場舉行了開學典禮。一九九二年的中國，在傷痛後的迅速倒退和全社會的心有餘悸中迎來了鄧小平年初的南巡。此前的三年裡，「防止和平演變」成了媒體上津津樂道的口號，私營經濟帶上了姓社姓資的帽子原罪，從意識形態到經濟改革的快速回檔讓整個社會迷惘困惑。強人用個人魅力試圖一力扭轉失速的社會，「春天的故事」[1]帶來了蝴蝶效應。個人主義重新萌芽、對於創新和自由的渴求在艱難摸索中頑強尋找著生機。這一年，萬通六君子[2]們開始在海南淘金，這一年，不少對政治改革心灰意冷、對體制不抱希望的人咬牙嘗試「下海發財」。

然而校園裡，「愈左愈安全」的氛圍和今天的中國社會頗有些相似。儘管年初南巡時鄧小平已經放了狠話：「警惕右，更要防止左」，但歷經磨難、教訓無數的中國人依然將信將疑。不同於北大學生更認同「獨立之精神，自由之思想」的價值觀，清華校園彌漫著一種培養又紅又專、聽話放心的人才的氛圍。有清華學生記得，九二級開學前的暑假，學生黨員提前入校，後來很多就成為了團支部或班級學生幹部，「應該是被當作後備人才培養的」。而據當天的清華校報記載，物化二班的新生們和另外二千一百四十三名清華新生一起聆聽了一位新生代表全校師生做的一場關於「如何做好社會主義接班人」的主題發言。

女生宿舍六號樓一一四室等到了它的主人們——來自北京的孫維和朱令，來自陝西寶雞的王琪，以及來自新疆昌吉的蒙古族女生金亞。繳納完一百二十五塊錢住宿費，這四個原本天各一方的女孩，將在這小小的空間裡，共度五年雙十年華的青春。

這是一間九〇年代初大學校園最常見的簡約宿舍。兩張鋼架上下床在窗戶兩側靠牆而立，臨近門口一邊放著女生們擺放洗漱用品和洗澡塑膠籃子的桌子，一邊是放著隱形眼鏡藥水和其他用品的公用架子。

孫維和朱令都選擇了上鋪，金亞睡在孫維的下鋪，王琪則在朱令下鋪。朱令的水杯常常放在兩個上下鋪之間臨窗的桌子上，即使躺在上鋪，她也伸手就能夠得著。對著牆，她在床頭立起了一個小架子，放一些比如文藝演出時化妝用得著的唇膏之類的小物件。

§

如火如荼的大一生活很快展開了。曾經在新生自我介紹時記住了張磊和孫維的北京學生張利，很快記住了班上另一名老鄉——朱令。那是新生運動會上，本身個子高、練田徑、身為國家二級運動員的張利被朱令在跑道上的身姿給震住了。「她跑的時候那個姿勢太漂亮了，動作非常的舒展。」後來張利才知道，她還是北京市游泳二級運動員。

朱令的耀眼不僅僅在運動場上。她高䠷修長、皮膚白皙、氣質出眾。張利記得，和自己同一宿舍的團支書薛鋼曾經指著一本雜誌封面感慨：「真像朱令啊！」他拿過來一看，發現那是當時如日中天、從北京到香港發展的歌星：王靖雯。在後來接受媒體採訪時，張利曾形容自己「未曾見過如此完美的人」，「天生麗質的她有著明亮的雙眸、白皙的面龐，加上高䠷的身材、優雅的舉止，舉手投足間帶有一種與生俱來的貴族氣質，輔導員甚至曾經建議她參加禮儀大賽。」

這種「明星氣質」或許來自於從小的藝術薰陶，班上的同學們很快知道，朱令是個多才多藝的女孩，她會彈鋼琴，還學習了偏門的民族樂器——古琴。從那以後，班級有文藝活動任務需要組織，她都會成為大家第一個想到的最佳人選。

在一九九二年時讀大四的清華大學民樂隊隊長邢劍鋒早在朱令入學前，就已經聽說過她。民樂隊在前一年放寒假前廣泛瞭解可能入讀清華的新生中有哪些民樂苗子，然後

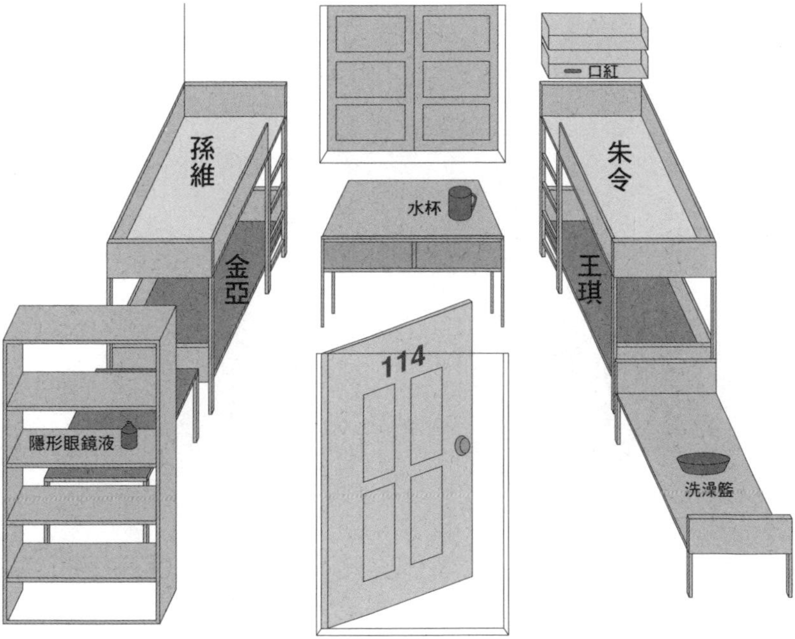

女生宿舍六號樓一一四室位置圖

給這些中學發通知，鼓勵被挑中的孩子們參加冬令營特招入學。「民樂隊很快聽說北京有個女孩是彈古琴的」，邢劍鋒記得。當時練習民樂的學生中學習古琴的很少，他覺得清華民樂隊如果能夠有古琴演奏的話，演出內容就更完整，「所以滿心期待朱令在寒假就到清華參加冬令營。」

然而朱令並沒有出現。關於原因邢劍鋒和朱明新的記憶有出入，朱明新回憶起這件事時記得當時曾經問過朱令，她的回答是學校希望成績好的人參加高考，考出高分把平均分數拉高，所以就沒讓她參加藝術類特招。而邢劍鋒記得是因為一個高中老師說朱令水準還不行，倔強而自尊心強的她就自己賭氣放棄了機會。

殊途同歸。之後參加高考順利升入清華的朱令心心念念的第一件事依然是——加入民樂隊。開學不久，她就主動找到了民樂隊的排練場地。邢劍鋒記得這個清秀靈氣的女孩興沖沖地來問自己能不能加入，「當她自我介紹說了她叫什麼、哪裡考來的、會什麼，我一下就想起來了。喔！這就是之前我們想招的那個朱令。」

二十多年前的清華民樂隊，規模小，水準參差，多數成員是入讀清華之後出於興趣才開始學樂器的。偶爾鳳毛麟角的幾個從小就精通民樂的藝術特招生，則時不時會在排練的時候「擺架子」、「耍大牌」。所以，朱令的珍貴可想而知——她是當時第一個「主動送上門」，水準又非常出眾的非特招學生。很多民樂隊的人記得當時朱令的形象：清新的短髮，颯爽的運動服，身材高䠷結實，臉上笑容總是自信陽光。

§

張利回憶入學清華的感受是——自卑。做為一個北京考生，他來自一所名不見經傳的普通中學，對於物化二班另外幾名北京同學有一種「敬畏感」：「他們都是四中的、匯文的、師大二附中的，在北京那是如雷貫耳。所以當時我基本上就是仰視看他們。」

被他放在第一順序強調的北京四中，正是朱令室友孫維的母校。一九八九年九月，當朱令在失去姊姊的低落中被保送進入匯文中學讀高中時，同樣十六歲的孫維開始了在這所著名百年學府的高中生活。

一所中學為什麼會如此讓人嚮往，或許可以從詩人北島的欣喜中窺見一二：「一九六五年暑假收到錄取通知，我終於考上北京四中。四中是北京乃至全國最好的中學之一，對我來說就像天堂那麼遙遠。」

這是一所有著英國貴族學校影子的中國中學，入讀的孩子們成長在皇城根兒下，享受著中國其他地方同齡人難以企及的資源和優勢。中共政界中，不少紅二代就畢業於四中，從林立果到薄熙來，從劉源到俞正聲。它更在文革時有著「紅牆子弟雲集的權貴學校」之稱，頗有點中國的伊頓公學的味道。

事實上，在美國《外交政策》（*Foreign Policy*）雜誌裡一篇傳播廣泛的深度文章裡，著名的中國通記者帕爾默（James Palmer）就曾把北京四中和伊頓公學相提並論。嘲諷西方的教育從業者天真地相信北京四中代表著中國公立學校的普遍狀況，而對於中國城鄉之間、發達與欠發達地區之間巨大的教育資源鴻溝一無所知。

即使在後來消費主義和物質主義全面吹拂，愈來愈多經濟條件許可的北京居民為自己孩子選擇國際學校的時代，四中依然保持著它對中產乃至名流的吸引力。李亞鵬給自己的繼女竇靖童選擇的學校就是四中，原因是擔心她從小在國際學校長大，會「欠缺點東西」。媒體的報導中提到，這位彼時知名度極高的明星都在校外站了兩個多小時才能見上校方，可見這所中學的名聲讓家長和學生們趨之若鶩。

進入四中的孫維同樣背景不凡。她的爺爺孫越崎是中國國民黨革命委員會（民革）的名譽主席、中國和平統一促進會會長、中國工礦業的泰斗和能源工業的奠基人，一九四九年前曾任中華民國工商部部長兼資源委員會主任委員。在一九四九年十一月孫越崎帶領資源委員會「起義」，投奔新政權。文革中，孫越崎失去人身自由，工資停發，被以「特嫌」的罪名關入「牛棚」，隔離審查。改革開放後歷任全國政協常委、國家煤炭工業部顧問。

在九〇年代媒體的報導〈認定「資委」起義，感慰百歲老人——江澤民關心孫越崎〉中，梳理了孫越崎的「起義」：「解放前夕，當國民黨政府準備撤離大陸時，曾密令將國庫所存的黃金等大量國家財富運往臺灣，並命令政府各部門將所屬的重要物資、檔案及技術人才運過海峽。但是，蔣介石怎麼也想不到，他極為重視並親自督運的政府重要部門——資源委員會，竟全體留在了大陸。做出這一愛國義舉的人，就是痛恨國民黨的腐敗黑暗，敬佩共產黨的建國主張的原國民黨資源委員會委員長孫越崎。」

這場起義，為當時一窮二白的新中國剛剛啟動的經濟建設留下了「一筆寶貴的財富」——包括幾萬名工程技術管理人員和大量完整的工廠、礦山，「為解放初期國民經濟的恢復和以後的發展做出了重要的貢獻。」

但在建國後從「三反五反」到十年文革的歷次政治運動中，孫越崎和其他資委會的成員都不同程度地受到了批判，有的被抄家，有的被降職，有的劃成「右派」，有的成了「潛伏特務」。孫越崎本人則在「三反」後離開北京，被發配到了開灤煤礦，長期沒有具體工作。

八〇年代後，得以被平反冤假錯案的孫越崎先後歷任全國政協常委、民革中央副主席，還被國務院任命為煤炭工業部顧問。

一九九八年第二期的《縱橫》雜誌曾刊發長篇通訊，記載了孫越崎一九九二年的又一樁「義舉」：親筆寫信給時任中共中央總書記江澤民，懇請中共中央重新審議原資源委員會起義性質。江澤民收信後「十分重視」，還在三月十六日邀請孫越崎到中南海會談和共進晚餐。

席間，江澤民提出，由於「起義」一般指的是軍事方面，而資源委員會是文職人員，「可以按地下工作人員參加革命算，也即享受離休待遇，這是高於起義人員待遇的。」他還當場提出，「孫越老這些年一直是副部級待遇，也是幾十年的委屈了，現在改為正部級。」更當場要求有關部門的領導一定照顧解決好孫越老醫療、用車等等各方面的問題。

這篇有著九〇年代初鮮明時代烙印的通訊，最後一段的內容是關於孫越崎去世的狀況：一九九五年年末，「孫越崎帶著對祖國的無限眷戀，辭世而去，享年一百零三歲。一千多名各界人士趕到北京八寶山公墓向他做最後的告別。江澤民總書記送來了花圈。」

§

孫維的堂伯父孫孚淩（孫越崎侄子）則歷任北京市政協副主席、北京市副市長、中華全國工商業聯合會常務副主席、全國政協副主席等職。父親孫大武是民革中央委員，北京市地震局下屬的某公司第一任法人代表，母親陳懿德則是北京朝陽醫院皮膚科醫生。

值得一提的是，朱令父親吳承之同樣就職於北京市地震局，在下轄的分析預報中心做工程師。兩位父親的單位不在一個大院，位置一個在八寶山，一個在三里河，並沒有交集。後來吳承之聽到其他同事告訴他，孫維考上清華的這一年，孫大武倍感自豪，有同事提到單位裡還有另一個子弟也考上了清華，孫大武曾很不屑地說，「那個成績不怎麼樣。」

孫維在北京四中的高中生活詳情如何並不清楚，但據她的初中同桌、後來同樣考入清華的張黎利回憶，她從中學到大學都喜歡穿紅夾克，「英語很好，性格剛硬，比較強勢。」在張黎利的回憶中，還有一個人物使得他和孫維的關係多了一條牽扯——他大學階段在清華計算機系的同學，後來成為孫維丈夫的謝飛宇。謝飛宇同樣就讀於北京四中，與孫維同班，兩人相識於此，又雙雙考入了清華大學。

在八〇年代的中國，所謂「官二代」還遠非像今天這般觸動社會的敏感神經。彼時的張黎利對於孫維的顯赫背景一無所知，多年後回憶，他記得孫維跟他講起一九八九年那個初夏在自己家樓下看到坦克的情景，他才後知後覺想起，復興門外大街，「那是部長樓！」

但在清華，不少同學都對孫維的家庭情況有所耳聞。孫維的衣著打扮顯得時髦大氣，明顯看得出條件優越，儀態不凡。但幾乎所有同學提起孫維，印象都是「儘管是高幹子弟，但是沒什麼架子」。

當時的中國，社會階層的分化和固化遠沒有當今這般嚴重，學生中不少都清高孤傲，尤其是不擔任學生政工工作，閒雲野鶴，對於讀書文藝更感興趣的人。用同學潘波脫口而出的粗話說，那時候「我們不太打聽這些。朋友中那麼多高幹，我們屌都不屌他嘛」！

但物化二班的班幹部群體，則是另一個圈子。張利記得，大二時身為班長的他被孫維邀請到她家做客。普通家庭出身的他對當時的情景印象很深：「一直聽別人說孫維的爺爺很牛，我們到那一看，老爺爺精神很好，而且一點架子都沒有，跟我們握手啊。他當時已經九十九了！」

張利說，團支書薛鋼表現出的羨慕和震撼就更直觀，「他說人家跟江澤民握過手呢，等於你跟江澤民間接握過手啦！」——不少到過孫維家做客的人，都對她家裡掛著祖父孫越崎和時任中國國家主席江澤民的合影印象深刻。

做為中國能源工業的泰斗級人物，孫越崎在石油界分量極重。九〇年代初期，是中國社會快速地從理想主義轉向實用主義的時刻，大學校園裡「精緻利己」成為主流氛圍。從某種意義上說，學習物理化學專業的學生主動被動、有意無意地羨慕乃至接近這個有力量影響甚至改變自己命運的家庭，顯得順理成章。

§

王琪和金亞比一九七三年出生的朱令和孫維小兩歲。用朱明新的話說，北京上學年齡卡得死，不能早讀書，而其他省分相對比較鬆，這使得在班上年齡偏大的朱令頗有些緊迫感。

王琪的父母是在陝西寶雞支援國家「三線建設」的工人，分別來自山東和河南。在五年後的畢業紀念冊上，王琪把自己那一頁的「生長地」一欄形容為「八百里秦川中的一座小城」。而金亞則是從新疆建設兵團天山化工廠所在的小鎮考進了清華，入學時是第一次到北京。

據《博客天下》報導，王琪記憶力超強，學習成績出眾，有著「小電腦」的綽號。接受採訪時，她們家的鄰居回憶：「別的孩子學習時，抱著課本死記硬背，王琪從來不這樣，家裡書本扔的到處都是，她隨便撿起哪本就看哪本。」畢業紀念冊上，王琪描述自己的愛好是「廣而無專，上山下鄉，無一不愛」，崇拜的則是「有性格，有實力」的人。

相較於北京考生，從考生眾多、招生名額有限、競爭相對激烈得多的外地省市考上清華更加艱難。據一位王琪中學的老師對媒體記者回憶，高考前，王琪本已保送清華，但她放棄資格，執意參加高考，最終依然考取了。從清華畢業的時候，她選了一張手肘放在膝蓋坐著的照片印在畢業紀念冊上，短髮，戴著眼鏡，看起來是一副普通好學女生的外表。自我配的句子是，「我坐在這座高山，眼前是陽光燦爛，遼闊藍天。」

如果說北京大妞孫維和朱令性格活潑外向，那麼另外兩個相對內向的女孩裡，金亞要比王琪顯得更加內斂。不少同學對她的印象都是並不顯眼，也比較沉默。一九九二年，從新疆昌吉直達北京只有一趟T70次的旅客列車開通，即使在二十多年後的今天，這趟旅程也要花去兩天一夜，整整三十四個小時。在畢業紀念冊上，短髮的她看起來容貌清秀，留言中形容自己大學五年「沒有變的是不甘平淡的心情」。

關於四個女孩的關係是否融洽，不同的階段迥然相異，很難用簡單一句話來形容。據媒體報導，她們曾擁有一本共同書寫的舍誌，這是出自朱令的主意，以記錄宿舍有趣的點滴。早期，朱令曾不止一次告訴母親朱明新：「跟她們在一塊兒特別好玩。」至少在起初，同樣來自北京的孫維讓朱令感覺更投緣，朱明新記得朱令很快就跟她提及宿舍有另一個北京女孩：「她說都是北京的，共同語言比較多，願意跟她做好朋友。」男生潘波也記得，大一時他逃了理工科專業同學們普遍不太重視的法律選修課去圖書館趕作業，沒想到碰上了朱令。他問她怎麼也沒去上課，朱令的回答是，「我讓孫維幫我簽到了。」

但是這種良好的氛圍似乎沒能維持下去。朱令高中三年的閨蜜、後來到了北大讀文科的胡雪逸講述了故事的另一個版本。在大學階段也時常和朱令見面的她，曾經跟隨朱令到她清華的宿舍取東西。她記得宿舍光線不好，又黑又小，讓人覺得壓抑，「進去以後沒有一個人跟我說話，互相之間也不說話。感覺很冷漠，氣氛特別不好。」不自在的胡雪逸只待了十分鐘，便和朱令一起匆匆離開了。

二〇〇五年十二月三十日，孫維曾經出現在天涯論壇，以「孫維聲明」的網名發表了轟動一時的〈孫維的聲明——駁斥朱令鉈中毒案件引發的謠言〉，其中用幾句話描述了宿舍四個姑娘之間的關係。「我和朱令沒有任何過節，但確實和另外的舍友們更親密，主要是因為朱令交遊廣泛，社會活動非常多，又是校內文藝社團的積極分子，在社團的時間多，在宿舍的時間少，即使是在朱令第一次生病後返校期間也仍然每天去文藝社團的宿舍樓煎藥。」

隨後十幾分鐘之內，金亞和王琪都進行了跟帖，為孫維辯護。其中，金亞以網名「太陽正暖」這樣描述，朱令「來往的朋友很多。可能是因為訓練、排練和其他活動都很多，基本上在宿舍的時間很少，到大二以後，一般都是在十二點關樓門之前才回來。並非是像大多數人的大學生活那樣，同宿舍的吃住在一起，相處的時間很多。可以說，朱令和同宿舍同學，或是同班同學的生活有交集，但不相交的部分比很多人要大」。之後，金亞還強調「孫維和朱令並沒有矛盾」，但承認「朱令因為在宿舍的時間比較少，可能在一定程度上不那麼親密」。

王琪以網名「for the truth」（「為了真相」）發表的一段話似乎能更清晰地看出這間宿舍四個室友關係變化的軌跡：「朱令在宿舍待的時間很少，大一時在有限的時間裡大家還會一起聊聊小說，記記宿舍日記，還算開心。朱令生病的時候，舍友去給她唸舍誌，她總是聽得很高興。以後因為朱令一直練琴，參加了社團，大多數時間開始在外面活動，也有了男朋友，很少參加班裡的活動，晚上很晚才回宿舍，因此除了上課以外和同學在一起的時間很少。自從她進入社團以後，我們聊天的機會愈來愈少，關於她在外面怎麼樣也少有瞭解，她離我們的生活愈來愈遠，班級活動也很少參加，在當時我們班的同學中也是比較特殊的一個。」

明顯的，宿舍除了朱令以外的另外三個女孩關係要親密得多，她們在學生時代就互相親昵地起綽號互稱「小豬」，這個習慣在後來十幾年都奇特地保持了下來。多年之後這個「小團體」的來往郵件中，依然用英文稱呼彼此為「piglets」。

在天涯的帖子裡，金亞也提及自己「好幾次」去過孫維家，形容「我覺得是很有教養的家庭，很熱情真誠」，她承認自己知道孫維的「高幹背景」，因為「她（孫維）很佩服和尊敬她爺爺，自然有時候也會談起她爺爺的一些事情，但從沒讓我感覺過她是在炫耀這些東西」，讚賞孫維週末回家都是騎自行車，從沒見過讓小車接送。

朱明新記得，女兒曾告訴過她，孫維會邀請「需要的人」去家裡玩，金亞和王琪放假回家之後返京的時候，還會「早上去接火車，接她們去，這種動作挺多的」。形容她能夠做到「意思不直接說出來，但總是給別人造成一種影響」。

在一九九七年六月大學畢業之際，物化二班的同學們穿上白襯衫，男生還打上了紅領帶，在被清華學生稱之為「二校門」的清華園拱門前合了一張影。照片上，孫維、王琪和金亞挨在一起，頭向彼此歪著，親密地互相挽著手。而此時的朱令，已經無法參加這樣的相聚。

§

入學後的朱令很快投入了她熱切期待的大學生活。在九〇年代初，理想主義遭遇重擊，傷痛初愈，精緻利己的實用主義成為了伴隨新一代大學生的主旋律。從一九九〇年開始的幾年間，北大和復旦的學生要進行整整一年的軍訓，「加強思想政治教育」。政治，成了當時大學生有意躲避和冷淡對待的話題。出國深造，則是這些頂級象牙塔裡人人心照不宣的最高目標。從那時開始，清華北大校園的海報牆上刷起了滿滿的英語培訓廣告。後來延續二十餘年直至今天，從本科生到研究生，一屆又一屆的畢業生參加完畢業典禮便爭相衝出國門。

一入學便在英語分級考試中進入高級班的朱令和孫維也不例外，英語基礎拔尖的她們都曾表露過希望畢業能夠出國留學。在輔修第二外語初初成為時尚的年代，朱令選修了德語，「因為德國的化學工程是全世界最好的」。而孫維的選擇則是法語。

大一大二的學習任務算不上沉重，有機、無機、分析和物化是四門主修大課。其中更抽象的物理化學科目相對較難，由時任化學系副系主任薛芳渝執教。而分析化學相對偏實踐，男生左晨後來曾在網帖中回憶，一九九四年春天，即大二下學期的時候，同學們就是在分析化學課上學到了重金屬元素「鉈」的特性——劇毒：「在講重金屬離子的分析時，授課的郁老師提到六〇年代清華工程物理系曾發生過一次鉈中毒事故。當時學生在打掃一個閒置很久的通風櫃煙道時吸入了少量鉈的氧化物，當晚就死亡了。」左晨記得，授課的郁鑒源教授當時的用意是提醒學生在實驗室工作時要注意安全。

物化二班的同學們在各自的高中都是數一數二的學霸，各省的狀元也有好幾個。強手如林聚到一起競爭，不少以往習慣出類拔萃的人難免會有失落感。張利記得，高中階段連第二都很少得的自己在開學第一次摸底考試竟然考了班上倒數第一。這使得他鬱悶不已，暗下決心要花最大的精力「刷題」，把成績提上去。

而朱令則屬於完全相反的類型，學習方面顯得輕鬆不費力，成績卻能在班上處於不錯的位置，這讓極為刻苦的張利羨慕不已。大二之後物化二班學生開始進實驗室參與專案，潘波記得自己當時和朱令一起進行有機實驗。不同於以往的課堂實驗，每個學生會得到一個命題，然後自己去查資料、想辦法，獨立完成實驗設計。「朱令經常來，做得很快，」潘波說。張利和朱令實驗臺相鄰，也記得朱令做實驗又快又熟練，他還在接受採訪的時候把朱令比喻成一個有天賦的新廚師，「做一道新菜品，邊看菜譜邊做，竟然色香味俱全，比把菜譜爛熟於心、常做這道菜的我做得還好吃。」

§

不同於很多在實驗室、自習室、寢室每天三點一線往復折返的理工科學霸，朱令的大學生活還充斥著其他豐富的內容。每天上午兩節、下午一節大課之後，伴著清華西大球場高音喇叭「為祖國健康工作五十年」的號召，她會參加體育鍛煉。而夜幕初降，當張利他們開始晚自習的時候，她的身影通常都出現在文藝社團。

重中之重就是民樂隊的活動。邢劍鋒記得，當剛上大一的朱令主動找到高中階段錯失冬令營機會的民樂隊時，做為隊長的他有彌補了遺珠之憾的感覺，「她鋼琴的基礎很多年，又有古琴演奏水準，所以很快就通過了面試。」

在邢劍鋒的印象中，朱令性格活潑，悟性也很強。民樂講究合奏，而古琴是獨奏樂器，所以樂隊當時還安排朱令伴奏。據媒體報導，朱令當時得到的第一個曲目是清華民樂隊的傳統曲子——〈老虎磨牙〉，角色是負責小鑔，這是一種中國西南少數民族的互擊體鳴樂器。除此之外，朱令還被安排從頭開始學習中阮。這是一種簡單易學、適合多人合奏的樂器，零基礎的她很快就上手了。從一九九二年入學時的剛剛入門到一九九四年「一二・九」專場演出，她在大一大二兩年的時間裡，已經成為了民樂隊的中阮首席。

對於這種成績，邢劍鋒歸結為朱令「很聰明，同時還很刻苦」。他記得朱令學習中阮的同時，每週六還騎車到小西天上古琴課，「老師是古琴大師孫桂生，她又介紹給我，我學的是簫。我們一般一去就是一下午。」學習結束就是自己用功練習，「每天至少兩個小時。」

同樣在清華積極參加文藝社團活動的潘波是管樂隊的長號樂手，他記得自己的練習頻率是每週兩次。除了小課，還有幾個人之間的配合排練以及個人練習。而相對管樂，民樂需要的練習強度要更大。他將朱令的出眾歸結為勤奮、投入以及對自己的高要求：「只要在樂團待過都知道，獨奏的成員水準肯定都是比較高，也是大家很認可的。」

九〇年代初，清華是中國校園民謠孕育的地方，老狼組建了中國第一支校園樂隊「青銅器」，高曉松厭倦了清華合唱團，開始嘗試創作，李健和盧庚戌抱著吉他，漸漸有了「水木年華」。二十多年後的二〇一三年，已經聞名大江南北的李健在微博中回憶，曾經和朱令一起上過一年的音樂課，「記憶中她是很清秀的。」

對於年輕人而言，對音樂的熱愛往往意味著美好和明亮，朱令也不例外，民樂隊成為了她大學生活最大的快樂源泉。高中閨蜜胡雪逸記得，朱令曾不止一次跟她提過，「和民樂隊的朋友更加投緣。」朱明新也記得，女兒說過，「每天到食堂打飯，碰到民樂隊隊員就會擠在一起吃。」

「參加民樂隊的學生，水準也都不高，大家仍然很開心，就是因為氛圍很好，」邢劍鋒形容，民樂隊對於這些清華學子有著減緩壓力和心理療癒的作用。「如果不是參加樂隊，真的不知道這五年會多痛苦。因為每個學生，能考進來，肯定在班裡是前幾名甚至於一直是第一名，老師也喜歡，同學也仰慕。我們功課很緊張，每學期考試都有排名。每個班只能有一個第一名，也一定有一個最後一名。如果你是那個倒數第一，你怎麼辦啊？」

很快，朱令還在民樂隊收穫了愛情，男朋友是比邢建鋒還高一級的樂隊資深骨幹和前任隊長黃開勝，比她高四屆，擔任曲目〈老虎磨牙〉裡的「老老虎」角色。

同樣有興趣進入民樂隊的孫維卻沒有那麼順利。大一剛開學不久的第一次招新面試，她未能通過。身為好朋友和已經對樂隊相對熟悉的朱令於是決定幫她實現心願。

邢劍鋒記得，當時樂隊在清華的西階梯教室搞了一個小型音樂會，對全校公開。身為隊長的他，演出結束時負責組織收拾樂器。這時朱令拉著一個女生走過來跟他說，「這是我一個宿舍的室友，特別想參加民樂隊，第一次考試沒考過，讓她加入吧！」

考慮到當時民樂雖然對基礎有一定要求，但更希望吸收一些有興趣的苗子，慢慢通過努力練習提高，邢劍鋒就同意找時間讓孫維再去排練場地做一次測試。之後很快就把她招進隊裡，同樣從頭開始學習相對容易上手的中阮。

至少在大一大二，這一對室友都經常參加民樂隊的各種活動。樂隊規模逐漸大了之後，中阮演奏者被根據水準分成了一隊二隊。兩個女孩雖然幾乎同時開始零基礎學習中阮，但朱令由於音樂基礎較好、悟性也高，演奏水準進步較快，進入一隊，後來成為了首席；而孫維，則分在了二隊。

但邢劍鋒印象中，兩個女孩的關係並沒有受到影響，也曾經一起演奏過。他提及，民樂隊的成員由於興趣一致，相處都十分融洽，經常舉行各種聚會和集體活動，有一次去北京郊區的十渡郊遊，她們還都參加了。

但在母親朱明新的視角，這兩個女孩在民樂隊的關係似乎有點微妙，「朱令慢慢覺得孫維總是給她使絆子。」她記得女兒曾提及一個細節，中阮老師來授課的時候，認真的朱令往往在前排認真地學，而孫維會說「她學得挺好，都已經會了」，便把朱令擠到後面去。她記得朱令曾經少有地跟她抱怨：「為什麼好朋友即使好到特別親的地步，也總有不好的地方呢？」母親相信，嫌隙在這個時候便已產生。

§

多位朱令的物化二班同學都記得，由於民樂隊密集的排練和演出，她非常忙碌，給大家留下了清高孤傲、獨來獨往的印象，這讓朱令有不小的心理壓力。朱明新記得，她感到女兒和孫維出現嫌隙的時刻，都與之相關。一次民樂隊原定好的排練被臨時取消，朱令便索性利用這個時間抱了古琴自己去北太平莊找老師練琴。事後她得知，同在民樂隊的孫維回去告訴班上同學，當天民樂隊活動取消了。朱明新覺得，這會給同學們暗示，即使樂隊沒活動，朱令也不願意回來參加班級活動。

朱明新印象中，當時的清華學生都很「聽話」，怕給大家留下不好的印象。「大家都是聽領導、團支部書記或者校方的安排，如果不參加班裡活動不太好。」她記得朱令曾經提到過，班幹部會給她壓力，「嫌她班級集體活動參加得少。」

做為班長的張利證實了朱明新的擔憂。在他眼裡，朱令有點游離於集體之外，身分更像是一個文藝特招生。「你是一個班級的活動組織者，她經常不參加你組織的活動，你是什麼感覺呢？」張利說，「比如我們開班會，她就很少參加。」

但張利的印象後來發生了一些變化。那是一九九三年六月，期末考試即將來臨，正巧他過生日，被初入清華的沉重學業重壓了一年的物化二班同學打算借這個機會放鬆一下。踢了一場足球比賽之後，男生們買了草莓蛋糕，邀請女同學一起參加派對。張利記得，朱令專門趕來，還向他敬了酒。

潘波也記得班級的一般工作朱令參與的不多，但並不同意她高傲冷漠和有意缺席的說法。在入學之後的第一個全校一二・九合唱比賽，音樂才華突出的朱令被大家推舉成為了物化二班的指揮。她毫不推辭，著手組織大家排練，安排細節，還要讓平時不怎麼唱歌的理工科同學們從零開始學會分聲部、唱重唱。「花了很多心思，做了很多工作，最後我們班名次也很好，」潘波說。

在大多數人按部就班、乖巧馴順的環境裡，在大多數機會和由之帶來的利益由班級推薦、院系審批的清華園，朱令這種顯得缺乏城府的性格多多少少有些吃虧。同學童宇峰曾經用「三個世界」的理論來描述物化二班同學之間的矛盾：黨員幹部、團支書是「第一世界」，和他們關係走得近的人是「第二世界」，其他同學則是「第三世界」。他記得大一第一次獎學金評定，就因為評分中除了學習成績還有相當權重由同學互評和政治輔導員打「德育分」組成，結果很多學習成績優異的學生，因為德育分低沒有拿到相應的獎學金，導致同學中嫌隙陡生。「名義上是輔導員給分，實際上就是由黨員幹部打分，再遞交給政治輔導員祁金利審批，」「當時特等獎是一千還是多少，而一九九二年一個月的伙食費才六十多。」

朱明新記得，當時學有餘力的女兒希望選雙學位，再進修一個輔修專業。一向自信樂觀的她自己感覺良好，但報名之後卻沒能獲批。「我現在不知道是不是他們班裡的班幹部不批，」朱明新嘆了口氣。

1 此處指鄧小平於一九九二年南巡時，要求堅持改革開放不動搖，相關歷史後來被寫入著名歌曲〈春天的故事〉。

2 中國六位後來在房地產領域叱吒風雲的企業家。

第五章

發病初期

一九九四年到一九九五年二月

一九九四年九月，朱令升入大三。秋季學期的頭等大事，是年末清華民樂隊在北京音樂廳的「韻我華夏，愛我中華」紀念「一二·九運動」專場彙報音樂會。已成為樂隊骨幹的她將表演一個古琴獨奏節目——〈廣陵散〉。

「那場演出她特別上心，」邢劍鋒回憶。原本樂隊老師安排朱令演奏其他曲目，但她非常喜歡〈廣陵散〉，提前一年就要求學習。老師覺得這首曲子「殺氣太重」，並不合適這種歡樂祥和的場合，希望教她一些舒緩柔和的曲子，但朱令很堅持己見。

古琴老師的擔憂並非沒有道理。

〈廣陵散〉，又名〈廣陵止息〉。與古琴樂聲通常「清微淡遠」的特點不同，這首曲子充滿了慷慨激烈的情緒，曾被後世不少音樂理論家批評——其中最著名的就是朱熹。

相傳這是一首在東漢末年流行於廣陵，即今日江蘇揚州的民間樂曲。描寫戰國時代鑄劍工匠之子、著名刺客聶政為報嚴仲子知遇之恩，刺死韓相然後自殺的悲壯慘烈的故事。三國時代，竹林七賢之一的嵇康因得罪魏國大將司馬昭的寵臣鐘會，被蒙冤處死。臨行刑前他也曾彈奏這首曲子，並在曲終感嘆：「袁孝尼嘗請學此散，吾靳固不與，〈廣陵散〉於今絕矣！」之後慷慨赴死。竇文濤曾在《文濤拍案》中聊起這段典故，形容曲子有著「雷霆之聲，戈矛縱橫之感」。這個曲名後來還被朱令同學童宇峰拆開用於他回憶朱令的紀念文章〈廣陵一曲從此散〉。

一九九四年十二月十一日，初冬的北京已經寒意襲人。北京音樂廳燈火通明，兩個一臉肅穆的報幕員用標準播音腔逐字讀著曲目和演奏者介紹：「古琴曲〈廣陵散〉在我國漢魏時期就有了。原曲表現聶政刺韓王的故事，曲調激昂緊張，反應聶政刺殺韓王時緊張激動的心情……演奏的朱令同學練琴已達六年，師從著名古琴演奏家孫桂生。她的古琴獨奏〈瀟瀟水雲〉曾獲首屆北京市高校民樂匯演二等獎……」

在掌聲中登臺的朱令看上去高挑清瘦，垂順的白襯衫和落地黑長裙讓她顯得樸素成熟，一頭中長黑卷髮紮了低低的髮辮。原本愛美堅持戴隱形眼鏡的她，此時換上了一副有著厚厚鏡片的普通眼鏡。朱明新後來回憶，早在那一年的五月初，朱令就曾打電話回家說「眼睛不好了，怎麼看不見了」。她還帶了女兒到北醫三院就診，病歷上的臨床症狀是「雙眼突然視物不清」。

這段演奏的視頻被記錄下來，成為網路上留存的朱令出事前珍貴的影像資料。在YouTube這個影片下，即便是民樂外行也難掩欣賞，不少網友惋惜感慨她的才華。邢劍鋒對於演出效果的評價是「挺好的」，繼而補充，「當時不知道，她很虛弱了，那天需要很強的毅力才能堅持下來。」

§

在這之前，身為國家二級運動員、一向結實健康的朱令感覺不舒服已經持續了將近一個月。一九九四年十一月二十四日是她二十一歲生日，朱明新

朱令在北京音樂廳演奏〈廣陵散〉的影片截圖。那時的她，身體已經很虛弱了。

正出差香港和臺灣，剛回到北京就接到女兒電話，興奮地說拿到了幾張演出的票。當時臨近音樂會衝刺階段，原本週末經常回家的她已經連續幾個星期忙於排練不著家了。

父親吳承之決定去清華取票，也給投入排練的女兒慶祝一下生日——請她下館子。父女倆在清華附近找了個餐廳，但朱令食慾很差，「肚子疼得不行，吃不下，」幾乎沒怎麼動筷子。朱明新記得當時勸說女兒不舒服就回家，她不肯，為了演出堅持排練。女兒鮮少生病，父母也就沒當回事，吳承之臨走前給朱令留了點錢，讓她自己看病。

兩個星期後朱明新給朱令打電話，女兒說肚子疼得受不了，去了校醫院——診斷是腸胃病。十二月九日，依然沒有好轉，腹痛進一步加劇，吃不下飯，還開始大把大把地掉頭髮，視力也愈來愈模糊。

到了十一日北京音樂廳演出的時候，朱令已經幾天沒有吃飯了。邢劍鋒記得，她「臉色不太好看」。〈廣陵散〉獨奏完，朱令還堅持完成了樂隊的多首合奏曲目。坐在觀眾席的父母此時非常心焦，「我知道她特別難受。」朱明新記得，女兒臺上的演出完美結束，而臺下的她是含著眼淚看完的。演出結束後，朱明新專門到後臺找女兒，勸她回家，但朱令堅持要和樂隊同學一起把樂器和道具運回學校。事實上，同學張利記得，當天下午的朱令已經沒有體力了，「她的琴她自己都拿不動，是我們班陳忠周幫著她拿的。」

民樂隊另一位隊員事後回憶：「演出完後，在清華南門餐廳的慶祝朱令沒有參加，這時才聽說她已經三天沒有吃飯，完全靠堅強的意志完成了所有演奏。」

朱明新瞭解女兒的心思：之前的排練已經占用了很多時間，朱令急著想回學校，準備馬上要到來的期末考試。讓母親意外的是，第二天她竟然自己回家了，因為「肚子疼得受不了了」。

家裡人開始帶著朱令到附近的北京醫院、中日友好醫院、勁松醫院求醫。都沒有什麼結果，症狀也不見好轉。十二月二十三日，朱令以「臍周腹痛伴關節痛、脫髮二週，原因待查」的症狀入住北京同仁醫院治療，這一天，她的一頭長髮掉了很多。

因為劇烈腹痛是最明顯的症狀，她被安排住進了消化內科。但一系列常規檢驗和拍片子之後，病因依舊不明。

在同仁醫院消化科的一個月裡，朱明新晚上打地鋪陪伴女兒。此時的朱令，放心不下落下的課程和實驗，看起來「很煩躁」。母親記得，女兒的痛苦與日俱增，「狀況愈來愈厲害，肚子疼得整夜都睡不著，但是頭腦特別清醒。」剛開始，她還能自己從病床走出病房，到樓梯口用公用電話給同學打電話，後來幾乎已經寸步難移。舅舅朱明光記得，「她就趴在我的胳膊上，慢慢慢慢往前蹭。」由於腳部神經末梢極其疼痛，無法走路，去拍片子時已經需要用輪椅推著。入院一個多星期後，腰部腹部開始長出帶狀皰疹，「背上起紅疹子，紅斑，特別疼。」朱明新回憶，「後來想起來，那就是神經損傷的徵兆。」脫髮也在加速，住院十天左右，滿頭黑髮幾乎已經掉光。

同仁醫院的醫生一籌莫展，只開些氨基酸等消化類藥物和一些補充營養、增強免疫力的藥。此時的病歷摘要顯示，朱令入院初步診斷有三個懷疑方向：自身免疫性疾病、消化系統疾病以及血液病。院方還組織了血液科、內分泌科、婦科的醫生會診。

事實上，同仁醫院有大夫曾經懷疑「會不會是中毒了？」而這並不是第一次有人往中毒的方向猜測。朱明新回憶，此前就診的小醫院中就有醫生提出，病因查不出來，會不會是吃了不乾淨的東西。而來探病的朱明新的同事中，也有人這樣懷疑。對化學並不精通的朱明新便專門去了一趟清華，詢問化學系的老師，女兒是否有可能接觸到有毒的化學藥品。班主任王小元老師的回答是「沒有」，還向醫院出具了一份朱令接觸的化學藥品清單，都是無毒物質。

「懷疑她中毒的人挺多的，」後來朱明新在接受電視臺記者採訪時也回憶起當時為什麼沒有沿著中毒的方向追下去，「但我們就覺得，要是中毒的話，不能就她一個人中毒啊。」

於是，同仁醫院各科室以及邀請來的朝陽醫院專家會診時，以「沒有接觸史」的理由，未做任何化驗，便排除了重金屬或苯等化學物品中毒的可能性。

§

住院一個月治療不見效，朱令愈加煩躁——因為生病，她錯過了期末考試。各方面都出類拔萃的她一向十分要強，不甘落後。時值大三上學期的關鍵階段，朱明新回憶，女兒有著「一肚子的計畫，想著學這個學那個，躊躇滿志」。事實上，朱令已經計劃大三下學期就退出民樂隊，「演出以後她就要把樂隊的事放一放，把精力投入到學習上，因為已經三年級了嘛。」

一九九五年一月末，眼看豬年春節就要到了。治療依然沒有突破，家人在各種建議和支招下開始給朱令做全胃腸外營養[1]配合中醫中藥治療。一週後，此前迅速惡化的病情似乎有了減緩的趨勢。朱令自我感覺好轉了，就堅決要求出院。朱明新記得，醫院並不放行，覺得病沒治好。但是家裡人架不住朱令的執著，在病歷上簽字，帶她回家了。

根據後來的法醫學鑑定意見書〈（2000）京法鑑字第1035〉，出院時的朱令飲食及一般情況好轉，頭髮開始再生，關節肌肉酸痛好轉，但雙下肢、膝、踝關節仍有廣泛壓痛，伴有雙足、指尖發麻，但查體肢端無感覺障礙。

朱明新記得，回家後的朱令仍然痛苦，「疼得特別厲害」，但胃口有好轉，頭髮也長出了一點短短的刺。一九九五年的春節，北京開始禁放煙花爆竹，以往熱鬧喧囂的節日夜晚顯得出奇的安靜，甚至有些清冷。整個春節，全家人都沒能過好。朱令一直喊著疼，沒力氣，躺在床上不動。朱明新回憶，「她自己非常疼，可別人看不出來她怎麼了。」母親記得，舅舅還說她，「妳是不是有點嬌氣啊，小題大作一樣，得多活動。」朱明新嘆了口氣，「真是冤枉她了，她實際上真的已經非常痛苦了。」

在家休養的這段時間，不少朱明新吳承之的同事朋友都來探望朱令，帶來各種偏方：水沖後背、粗鹽擦洗，說能減輕疼痛，但都每每收效甚微。中國音樂學院教師李文珍是朱明新中學同學曹依吾的愛人，擅長按摩，專門上門幾次，每次為朱令按摩幾個小時。李文珍後來回憶，這時的朱令身體極為虛弱，行動困難。她按摩的時候，「手一碰她，便大聲打嗝不止。」她記得，看到這個二十一歲的姑娘純潔向上，氣質出眾，叮囑她：「安心靜養，千萬不可急於馬上上學。文憑不重要，身體最重要，來日方長。」

可是朱令聽不進這樣的話。小學同學扈斌記得，幾個女生約他一起到朱家看望。「她穿寬鬆淺色的睡衣，坐在床邊，對話交流都很自如。」大家勸朱令不要堅持返學，「她跟我們說她已經好了，很堅定地說一定要回去繼續上學。」扈斌感慨，「實際上，後來聽叔叔阿姨講那時候她腿還是疼的，但是朱令很堅強，跟我們見面沒有任何『我病了壓抑痛苦』的狀態。」

§

朱令在家休養過寒假時，朱明新去了一趟清華的女生宿舍取女兒的衣服用品。在宿舍放衣物的床上看見一個紅色提袋，上面印有「國家地震局」。朱明新猜想這應該是女兒的，就用它裝了朱令必需的衣物帶回家了。沒想到，女兒看見這個紅袋十分生氣，大發脾氣說：「這不是我的，你幹嘛亂拿別人的東西！」

朱令告訴母親，這個袋子是孫維的。朱明新後來回憶，女兒平時很少說同學的壞話，「從來不跟我說她和誰不好，總把不好的事情往好處想，像她爸，不會擔憂事情。」但即使粗線條如朱令，也已感覺孫維對她並不友好，心中很彆扭。「所以，見我拿回孫維的東西，十分氣急。」

這段時間裡，朱令的情緒波動大起大落，時常被焦急、憤怒、傷心、痛苦裹挾。寒假結束，儘管家裡人都不同意她回校上課，但朱令非常執拗。「她想著怎麼能繼續上學，惦記著這事，所以哭得特別傷心，」朱明新說。朱令的壓力也來自緊迫感，在班上年齡偏大、清華又要讀五年，她總是希望爭分奪秒。

後來在接受採訪時，朱明新回溯了自己當時的想法：「我對她的教育，實際上從來都是不勉強什麼。我對自己也不是特別有信心，就是我的想法就一定正確。所以她一定要回去，我就同意了。」時隔多年，朱明新一直平靜地娓娓道來，還是出現了波瀾，「她上進，我覺得能不耽誤就不耽誤。我就犯了個大錯誤，同意她回去了。」

---

1 指完全透過靜脈輸入必須的營養素。

第六章

什麼壞事都趕上她了

一九九五年三月

一九九五年二月二十日，新學期開學。朱令堅持拖著未癒的病體回到了清華。舅舅朱明光記得，家裡人不放心，又通過同仁醫院找了位老中醫，開了些中藥給她帶著到學校喝。當時的中國，一線城市裡滿大街都是剛剛興起的黃色麵包計程車，非常便利，但價格不算便宜。人們在遇到重要的事情時才會選擇「打麵的」。朱明新打了一輛，送女兒返校。

此時距離朱令演出後離開學校住進同仁醫院已經過了兩個多月，宿舍裡有了些變化。朱明新記得，窗臺上放了一大簇「非常巨大已經有些敗落」的鮮花。還記得當時人在宿舍的孫維說，這是「送給爺爺的，家裡太多了，帶來放在宿舍」。在朱明新的記事備忘錄上記載著：看到朱令重返宿舍，孫維還跟她說了「長長的一席話，『關切』地勸她讓朱令暫時休學休養」。說「病來如山倒，病去如抽絲。應該好好休息啊」。

在宿舍裡，朱明新意識到，對於平時矯健的女兒不在話下的上鋪，此時成了艱巨考驗。「她複習用的書在床底下的箱子裡，從上鋪爬到下鋪拿書，再爬回去都非常困難，疼得受不了。」極度虛弱的情況下，這段時間朱令基本很少上課，就在宿舍準備補考。舅媽陳東回憶，當時朱令要補考三門科目，其中副系主任薛芳渝教授的物理化學最難。朱明新也記得，那年這門功課「考試特別難，全班好多同學都不及格。我把她送過去看到桌上有個通知，說王琪沒考好，也得補考」。但朱令發揮很不錯，補考成績依然在班上排進了前十名。

這段時間裡，朱令還艱難地去了一次實驗室做實驗。朱明新記得，開學後第一個週末，女兒打車回家時還想著做實驗，「帶著實驗報告，可是她連寫實驗報告的力氣都沒有。」

去學校食堂吃飯，此時也成了艱難的任務，朱明新就每天往學校跑，除了給女兒送中藥，也帶去麵包和壯骨粉沖劑，讓她在宿舍吃。中藥需要加熱，男朋友黃開勝想起民樂隊有個同學在團委做學生工作，辦公室有電爐子，而且離女生宿舍不遠，就帶朱令去煎藥。

這樣，以往朱令風風火火、實驗練琴、忙碌多采的生活，基本被足不出戶、只能在宿舍床上半躺著看書的封閉靜養取代。朱明新覺得，女兒有著倔強和自尊的一面，不希望依賴別人照顧，「她不太願意麻煩別人。所以基本上那段時間活動很少，因為太難受了。」

但心氣極高的朱令依然雄心勃勃，不甘心休學。不但認真補考，還堅決不肯放棄選修電腦和德語課。不少同學記得這段時間裡偶爾在學校看到她的樣子。

潘波記得朱令唯一一次上課，「戴著帽子，顯得有點臃腫，坐在角落，一個不起眼的位置。」因為以往她給人的印象總是神采飛揚，「看人的眼神兒都比較有神，也很少有不開心的事情，」潘波覺得這種對比很明顯：「當時她心情是不好的。一個人很蔫兒，很少說話。」張利則記得，下課出了教學樓以後看到她走路特別吃力，「拖著腿在走的感覺。」男生們覺得於心不忍，就問需不需要背著她。「朱令特別要強，就說不用。」環境系女生張博，曾經和朱令一同上過「視聽練耳」課，這時意外看到朱令「剃了個光頭，戴著頂帽子」，還嘀咕：「真是特別酷！」同學陳忠周當時擔任物理化學課的課代表，當時印象中朱令臉色特別蒼白，但依然上了課並準時交作業，而且「做得非常好」。

朱明新詳細記錄下了二月二十日到三月三日之間朱令在清華的生活。兩個週末，她都回了家，在母親照顧下吃中藥、調養和休息。其餘八天，所有活動全部在清華：「除每日去團委辦公室用電爐熱中藥之外，去系裡上了一次實驗課，上了一次準備補考的答疑課和參加『物化』課的補考，其他時間，整天躺在宿舍床上，準備補因住醫院缺考的幾門課的考試。在校的這兩週，身體虛弱之極，每日早飯只能吃些我帶給她的麵包和壯骨粉沖劑，喝同宿舍其他人打來的水，不離開宿舍。午飯和晚飯無力與同學一起在飯廳吃飯，只好勉強撐起，去飯廳買飯菜端回宿舍，半躺著吃。清華大學女宿舍管理很嚴，不許男生進入。所以，接觸的人極其有限。」

§

母親把這八天裡女兒的行蹤如此細緻地回溯，是因為，很快，朱令再一次病倒了。後來的朱明新確信，就是在這八天裡，她第二次中毒。而這一次，要嚴重得多。

那是一九九五年三月六日，星期一，從家裡回到學校的朱令晚上打電話回家，說「非常累，腳痛而且有點麻」。堅持了一天之後疼痛加劇，朱令回了家。當天晚上，病情迅速惡化，來勢凶猛，半夜的時候她腳部痛到已經不能碰觸，連手臂也開始覺得麻。家人叫了救護車，先送到北醫三院急診——當時那是清華大學校醫院的對口單位，師生就診能報銷公費醫療。聞訊趕來的舅舅舅媽都記得當時揪心的情景，朱令抓著病床床杠喊疼：「她嚎，她疼地叫，那就是疼得不行了。」

然而當班的是一位骨科大夫，懷疑是骨有問題，只簡單問了幾句便說：「沒什麼問題，可能是癔症。」開了些止疼藥便了事。家屬們覺得這個診斷不準確，但已是深夜，只能又叫了救護車把朱令拉回清華校醫院，但校醫院不肯接收，說只能等到白天，打發他們去北醫三院等候門診。此時已經到了八日淩晨，朱令疼痛難忍，又整夜沒能休息，已耐受不住兩個醫院踢皮球過程中在板凳上的等候，家人只好又叫了救護車回家。

吳承之記得，就在朱令就醫的過程中，他接到了女兒同宿舍同學打來的一個電話，詢問情況。其中有一段關於朱令放在宿舍的麵包頗為蹊蹺的對話。吳承之向對方說，麵包沒有帶回來，你們吃了吧。對方的回答是，「已經分吃掉了。」但此時，吳承之朱明新焦頭爛額，根本沒有心思細想更多。

三月八日白天，疼痛依舊，症狀惡化，家人決定去協和醫院神經內科急診。此時朱令的症狀用舅媽陳東的話形容就是「太可怕了，每況愈下」。先是腳疼，然後腿疼，以至於人躺在床上還需要穿著棉鞋緩衝接觸、降低劇痛。接著「身子疼，哪都疼」。舅舅朱明光也被嚇了一跳，他記得外甥女非常虛弱，趴在自己身上，「突然嘔吐，跟噴射式的，噴出來。」病因依然成謎，大夫開了常規的藥物，回家服藥的朱令還是不見緩解。這時，急診大夫向朱明新推薦，應該找神經內科主任李舜偉。

一九三六年出生的李舜偉這一年已經五十九歲，即將退休。做為文革前的醫學大學生，他在八〇年代曾赴美國進修，一九九二年被批准享受國務院頒發的政府特殊津貼，擅長腦血管病、意識障礙、睡眠障礙、頭痛、頭暈的診斷與治療，是神經心理學和神經藥理學領域的權威專家。

於是，三月九日一大早，心急如焚的朱明新立即到協和醫院神經內科掛專家門診號，李舜偉接診，看了朱令的腳之後，李舜偉在門診紀錄寫下這樣的症狀，「神清語利，明顯脫髮，四肢不能被人碰觸，無明顯誘因出現雙下肢遠端疼痛，雙手指發麻。」他的判斷是「高度懷疑輕金屬類中毒，如鉈、鈹等」。

這是「鉈」這個生僻的字，以及其所代表的金屬元素，第一次出現在朱令的診斷文本之中。

李舜偉告訴朱明新，朱令的症狀「太像六〇年代清華大學的一例鉈鹽中毒病例了」——那是清華工程物理系的一名實驗室清潔工，在清洗風道之後沒有把手洗乾淨，用手捧著喝水時中毒身亡（就是此前郁鑒源教授在物化二班的分析化學課上提到的案例）。李舜偉隨即建議，請勞衛所，亦即中國醫學科學院勞動衛生與職業病研究所的張壽林所長、丁茂柏教授等會診。其中，張壽林是專門從事急性中毒研究的專家。

朱明新記得，這時的朱令由於劇痛已經不能動彈，她決定把女兒送回家，自己去找張壽林。張壽林在聽了朱明新的描述之後判斷：急性鉈或砷中毒須考慮，但一方面朱令自己否認有重金屬有毒藥品接觸史，另一方面病症太奇怪，病程不像中毒。

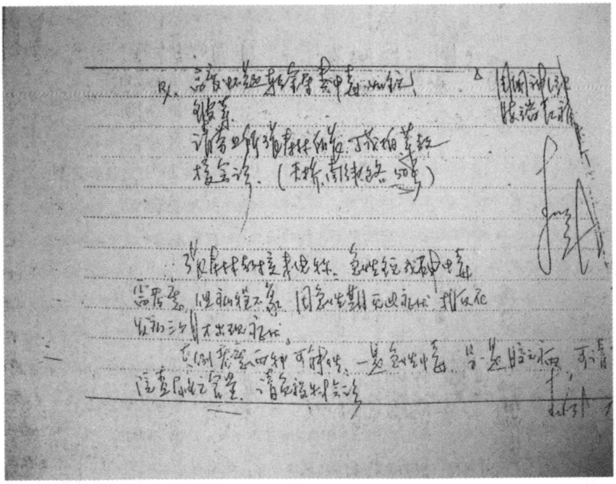

李舜偉教授手書病歷（朱明新、吳承之提供）

所謂「病程不像」，舅媽陳東回憶是源於三個理由：第一是中毒通常在短時間內爆發加劇，不會從九四年十一月直至九五年三月緩慢延續四個月的長度。「他說，中毒，你要麼死了，要麼好了，不可能反覆。當時就沒想到二次投毒的問題。說是炎症才可能有反覆，有細菌潛伏在你身體內部，當時藥壓下去了，藥勁兒過了又興風作浪了。但是中毒不會。」

第二個理由是沒有毒源。當時由於家住在清華校內的教授樓，陳東的任務就是負責「跑腿」，在醫院和學校之間溝通，傳送材料。這已經是清華第二次開具朱令不可能接觸有毒化學藥品的清單，這一次開單子的是化學系副主任薛芳渝。陳東記得，當時是在協和要求之下，薛芳渝才開了證明，還專門強調化學系沒有鉈，朱令不可能接觸。吳承之記得，清華的老師還從另一個層面篤定朱令不會接觸鉈：有毒藥品嚴格的管理。藥品到了實驗室、多少劑量，要兩個人簽字，保險櫃的鑰匙也由兩個人掌握，兩個人都在方能打開，使用多少還都要詳細登記。

沒有毒源，就沒有接觸可能，加上病程不符合中毒通常狀況，第三個理由便顯得無足輕重了——協和沒有檢測條件。中毒在當時的中國非常少見，醫院並非專業機構，並不具備相關設備，即使是鼎鼎大名的協和。

於是，張壽林最後的判斷是兩個可能性：急性中毒或者膠原病，告知李舜偉「可請朝陽醫院查尿鉈含量，請免疫科會診」。為什麼首屈一指的協和不能檢驗，朝陽醫院卻可以？這還要理順這些機構複雜的牌子和行政關係。張壽林所說的是北京市勞動衛生和職業病研究所，屬於北京市衛生局下轄單位，而非他自己擔任所長的中央勞衛所。北京勞衛所一樣屬於科研機構，並不面向普通公眾接診。地點上，勞衛所很小，和朝陽醫院相鄰，就在朝陽醫院大門掛了個牌子，行政上則是獨立的。但人們習慣上會認為朝陽醫院具有相關檢驗科研部門。事實上，九〇年代的中國，對於職業病的瞭解還很有限，偌大的首都只有北醫三院和朝陽醫院有相關研究點，即使張壽林所在的全國勞衛所，也沒有相關設備。

跟張壽林溝通完，朱明新又馬上趕回協和，看到李舜偉正在與張壽林通電話，討論朱令的病情。因為判斷依然不清晰，李舜偉說，朱令的病症太奇怪，建議住院。

二十多年前的協和已經和如今一樣，最優質的醫療資源彙聚於此，全國的疑難雜症病患蜂擁而至，永遠一床難求。朱明新求之不得，但被告知沒有床位，得回家等著。朱明新記得，值班的醫護人員「就把病歷往外一扔，你等著吧，什麼時候有床位通知你。因為朱令是自己去看的病，還不是昏迷抬進去的，要不到那種程度，協和就不給你住病床」。

離開協和的時候，朱明新拿到了醫生開的一些止疼藥。此時的朱令神智還清晰，一直心心念念盡快恢復回學校上課。母親記得，她還問：「吃止疼藥會不會傷大腦？」

回家等待的過程，朱令疼痛難忍，實在受不了就又回到協和的急診室，人只能坐在椅子上，打止疼點滴。一邊觀察，一邊等待床位。這幾天裡，她的情況迅速惡化，開始說話顛三倒四，神智不清。病歷顯示，「出現心慌、憋氣、頭暈、視物模糊、視物旋轉，雙眼球外展不全，雙眼球發作性上視。」

§

最終，一直拖到三月十五日，朱令才「極其艱難」地住進了協和。朱明新反覆感慨不易，「還是有一個外地的大夫告訴我，今天有一個人出院，妳趕快去找，否則的話又被別人占了。」而此時，女兒「人都已經不清醒了」。

當天的病程紀錄顯示，李舜偉在傍晚五點查房，認為病情複雜，給出了三種主要的診斷可能性：免疫性疾病，中毒性疾病以及代謝性疾病，此外神經系統應考慮格林－巴厘綜合症（Guillain-Barré syndrome）的可能。另一位神經內科的主任醫師楊蔭昌在查房後又再次提及中毒，除了強調患者做為化學系學生不慎接觸有毒物質的可能，還提到了此前朱令大量服用的中藥，可能含有鉛和汞的成分。但是考慮到服用中藥之前已經有症狀，最後還是那句話「臨床特點和病程不像」。

三月十六日，協和為朱令做了腦波圖、頭顱核磁共振檢查，未見異常。隨即神經內科全科大查房，多位醫生參與病情討論：提出可能性，再根據朱令的實際情況進行比對。血卟啉病，排除，因為不會脫髮；結締組織病，排除，似乎不會只以疼痛為表現；中毒再次被提出，但又被否定，原因除了沒有接觸史，也顯得惡化太快，因為脫離毒源接觸後應緩解，但朱令的病情卻在急劇加重。一輪排除法之後，仍然沒有結論，醫生們只能建議用激素、抗感染、大劑量多種維生素營養支持治療。病程紀錄顯示，患者症狀持續加重，「出現雙上肢強制性發作，由躁動漸轉入嗜睡、昏迷，出現中樞性呼吸障礙，口唇不自主咀嚼樣動作。」

接下來的一週，朱令病情愈來愈重，精神狀況很差，時不時心慌氣悶，已經難以用語言交流，父母只好為她準備了紙筆代替。接著，情況進一步惡化到神智模糊，語言混亂，答非所問。三月二十二日，進食開始出現嗆出。到了三月二十三日，陷入深度昏迷，呼吸困難。醫院病歷紀錄顯示，「呼吸運動漸少，予氣管切開，呼吸機輔助呼吸。」氣管切開的副作用接踵而至，手術後朱令出現左側氣胸、肺擴張不全，情況危急。醫生進行胸腔閉式引流後，肺才終於張開。看到女兒在昏迷中被切開氣管，「胸口打了個窟窿」引流，朱明新覺得很心疼：「什麼壞事都趕上她了，這些治療的過程對她的損傷，我覺得也是相當可以的。」

當天一週一次的神經內科大查房，醫生們依然是提出各種可能，再一一否定排除。但一個新的名詞此時第一次被提出——急性播散性腦脊髓神經根神經炎。至少有三位醫生同意這種可能性，建議的治療方案是血漿置換和抗感染治療。

血漿置換，用武俠或科幻一點的說法，就是全身換血。這是一種比較極端的治療方案，一般醫院也沒有條件進行，可以說協和是「放了大招」。朱明新起初覺得很有希望，「血庫的大夫還說，換了血就馬上會好。」但是這樣的置換進行了八次，每次二千毫升，依然沒有見效。朱明新有些絕望了，更糟糕的是，朱令的身體出現了強烈的排異反應，「身上起包，就不能繼續下去了。再給她檢查，染上了丙肝。」

對於心急如焚的家屬，中毒的可能性不化驗就排除始終是塊心病。舅媽陳東記得，她曾跟自己的父親、清華退休教授描述朱令的怪異症狀——「頭髮都掉光了，指甲上有一個寬寬的白印兒，凹下去的。」當時父親就說了一句，會不會是中毒啊？「沒想到是鉈中毒，就以為是砷中毒。因為砷中毒很普遍的，就是砒霜嘛，」陳東回憶。

二十五日，朱明新拿到協和開具的單子和朱令的尿液樣本，趕去朝陽醫院化驗檢查。兩天之後結果出來，尿砷含量正常，砷中毒排除。於是，治療方向再一次和正確的中毒檢測擦肩而過。多年後一位在美國從事化學科研的學者賀敏對朱令當時頭髮進行了質譜分析，在賀敏所做的質譜分析注釋中，可以看到實驗結論：受害人頭髮內有兩種重金屬含量異常：鉈和鉛，呈現多個小的峰值，並在清晰的兩個時段內更為集中和明顯，一九九四年十一月至十二月以及九五年二至三月。朱令的同學童宇峰這樣解釋：「說明很可能是混在某種食品中，持續攝入。兩段時間中毒，說明肯定是在朱令宿舍發生的。」

可惜的是，中毒的可能性至此已經被協和排除。在中樞呼吸衰竭和兩次出現肺擴張不全的情況後，三月二十五日，朱令出現吸氧不穩定的情況。幸好守護在側的父親及時發現，才避免了一次危情。在事後的紀錄日誌上，朱明新寫下，「晚上陪床，發現女兒血壓有些不穩，便一直盯著儀器。一盯就是三個小時，漸漸有了困意，突然儀器上的指標往下掉，老吳慌忙叫來醫生，原來朱令體內有一根管子掉了，造成了呼吸衰竭。吳承之想想便覺得後怕，『如果當時我打一會兒瞌睡，恐怕就再也見不到女兒了。』」

到三月二十八日，情況危重的朱令被送進重症加護病房ＩＣＵ的時候，醫生已經基本確定按照「急性播散性腦脊髓炎，在病情急性進展過程中危及呼吸」的方向來治療了。

第七章

從高度懷疑到確診，歷時五十二天的拉扯

一九九五年四月

扈斌記得，一九九五年四月初，春節前曾和他一起到朱家看望的中學女同學告訴他，朱令又一次住院了。當時他的感覺是吃了一驚，「因為第一次見她以後，感覺她的情況已經好轉了，而這一次聽說情況非常嚴重，竟然住進了協和的ＩＣＵ。」

貝志城就是在這個時候接到了扈斌的電話。他記得那天是四月八日，電話裡扈斌「語氣沉重」，說「你最好去看看朱令，可能這回是最後一面了」。和朱令初、高中都同學、初三有段時間還坐前後座的貝志城馬上答應了，同去的還有另外一個即將出國讀研究所的同學。

此時分別就讀北大和清華的貝志城跟朱令已經將近三年幾乎沒有見過面，對她的印象依然停留在高中階段的風華正茂。後來接受電視採訪的時候，貝志城回憶起自己被病房裡看到的情景驚呆了：「在腦海裡，朱令是一個很活潑、很開朗、很健康又聰明的女孩。在ＩＣＵ看到她的時候，幾乎全身赤裸，插著很多管子。」——二〇〇七年央視《東方時空》在播出專題片《朱令的十二年》使用貝志城的這段採訪錄像時，貼上了朱令在病床上圓睜雙眼、驚恐痛苦的面部特寫。隨之，貝志城說自己腦子被嚇得一片空白：「第一反應是想拔腿就跑，然後感覺腿發軟了，就像灌了鉛一樣。」

出了病房的貝志城希望能想出一些話安慰在外面已經日夜守護了一個月的朱令父母。他記得他們「很堅強，但也無奈，好像接受命運的這種樣子」，便希望挖空腦筋想出辦法安慰他們，用他的話說是「希望自己是上帝才好」。

使用當時在中國還是新事物的互聯網求助，就是在這個時候靈光一現蹦入他腦海的。要知道，一九九五年，全中國可以連接互聯網的電腦終端只有四百多臺，大多數人根本聞所未聞。二〇一三年，當復旦黃洋投毒案使得朱令案重新獲得全國關注的時候，我在北京採訪過貝志城。當時的他已經成為了一名相當成功的軟體行業企業家，並由於對朱令事件長達十餘年的深度介入和互聯網時代對公共事件的率性直言，成為一名頗具影響力的「網路大Ｖ」。

回憶起這個靈光一現的念頭，他歸之為「巧合」：「當時中國只有三個機構在做實驗，清華、化工大學，還有中科院集團所。說出來頻寬聽了都可笑，每個就256K，全中國加起來還不如現在我們家裡平常的寬頻。湊巧，我們力學系在北大校外，跟清華一牆之隔，一個單獨的院子。當時有個教授，自己爬梯子，從清華拉了一根網線，在系裡做這個實驗。」

和當時的大多數高校理工科實驗室一樣，教授麾下大多數是研究生負責具體動手實驗。貝志城宿舍的蔡全清雖是本科生，卻剛好獲得機會參與打下手，回到宿舍便向貝志城他們普及了這個新事物。「腦子裡就聽到這麼一個神奇的東西，說可以跟全世界聯繫。當時用的還都是一種類似於郵電組的ＢＢＳ，叫作bitnet，這樣做科研的東西，」貝志城記得。

朱明新後來接受採訪時回憶，當時幾乎窮盡各種方法的她已經有些絕望了，「能多一個提供治療的機會，我當然不反對了。我說你能做就幫我做做吧。」

就這樣，貝志城拿到了一份複印的病歷，立即回宿舍找能用Unix上網的蔡全清幫忙。四月十日，他們在北大機房向Usenet和Bitnet中所有和醫學有關的郵件組發出了求助信，用不算地道的英文描述了朱令的病情：

一九九四年十二月五日感到腹痛，繼而發展為全身劇痛。持續三天後開始脫髮，面神經麻痺，中樞眼肌麻痺，呼吸障礙，目前已失去自主呼吸能力。

§

Thallium，在英文裡是個相當生僻的詞彙。當它高頻率出現在貝志城面前的電腦螢幕上時，他並不知道這是什麼意思。在後來接受《三聯生活周刊》採訪的時候，他回憶，十日晚上求助郵件僅僅發出幾分鐘，就收到了第一封回覆：「是個愛爾蘭人，說會為朱令祈禱。第二封就提到了一個詞——Thallium。」

根據《美國醫學》（*US Medicine*）一九九五年十二月的報導，美國海軍軍醫、生物測定學和預防醫學助理教授康年（Steve Cunnion）博士在四月十日收到了求助郵件，而他的回覆也成為了最早做出的正確診斷。當天晚些時候，曾在美國駐華使館當醫生、當時已經調回華盛頓美國國務院的醫生奧迪斯（John Aldis）及加州醫生芬克（Robert

Fink）也都收到了求助信件。

凌晨五點的時候，北大男生們已經收到了一百多封答覆郵件。貝志城回到宿舍查了英文字典，「這才知道原來叫『鉈』，化合物有毒。」

「鉈」這個字，中文的發音是「Ta」，在當時能正確發音的人並不多，瞭解這種元素的人更是寥寥可數。鉈在元素週期表的原子序數是81，原子量204，是一種較重、灰色、柔軟的貧金屬（poor metal），在自然界並不以單質存在。化合物則極易溶於水，無色無味，含有劇毒。

英國化學家克魯克斯（Sir William Crookes）和拉米（Claude-Auguste Lamy）一八六一年在硫酸工廠的反應殘留煙道灰中提取硒的時候發現了鉈，並運用當時新發明的火焰光譜法對其進行鑒定，在光譜觀測到鉈會產生明顯的綠色新譜線。克魯克斯隨之提出了「Thallium」的名稱，這來自希臘文中的「θαλλός」（thallos），即「綠芽」之意。

貝志城和他的同學們收到的郵件愈來愈多，很多都包含「鉈」這個字。用他當時參與瀏覽郵件的北大同學、宿舍裡英語程度最好的吳向軍的話來形容，那是因為當時「網路上面垃圾很少。互聯網還是一個非常學術的環境，所以回覆的品質也非常得高」。

貝志城後來在網路上詳細回憶了當時的整個過程。面對的第一個問題是從 Unix 終端下來的郵件會整體打包成一個大文字檔，在電腦上無法閱讀。他同宿舍的好朋友劉菈便主動請纓，用微軟的 Access 寫了個軟體，先把郵件拆分成一封封，然後把標題、寄件者摘取出來存進資料庫。之後同宿舍的另一位同學王惠文也加入了，幾個男生一起完善程式，依據來信人是否為醫生、判斷是哪種病、回信頻率等變數設立一個權重評分機制，衡量其嚴肅和可信度，決定要特別優先給誰回信。同時把比較多提到的關鍵字，比如鉈中毒、格林—巴厘綜合症、萊姆病（Lyme disease）等做索引，看被提到的頻率有多高。在大量的判斷都指向鉈中毒後，他們還用關鍵字搜索分類，把不同的診斷方案、治療辦法分出來。

四月十日發布求助信那天是個週一，貝志城週三就給朱令的父親吳承之打電話，「怯生生地提到鉈中毒這個可能，」他記得，電話那頭吳承之輕輕地苦笑了，說這個可能協和早考慮了，但是「已經排除了」。

在朱令父母記載的日誌上，後來寫下了這之後半個月的情況：「緊急求救信迅即收到世界各地醫生、專家等人士的七百七十六份回覆電子郵件，其中三百九十五份為醫務工作者的診斷建議。在三百九十五份中有二百六十六份認為是中毒，其中一百零六份明確提出可能是鉈鹽中毒。不斷收到『請儘快為朱令檢測鉈』的郵件。」

北大科學傳播中心的學者劉華傑教授在一九九五年五月把這起全中國第一例互聯網求助和會診寫成了報導，發表在六月七日的《南方周末》頭版上。多年後他還記得，那是清華力學系陳耀松教授通過電話線接到了北大計算中心的一臺伺服器，「陳老師個人支付了不少網路費。」做為學者，劉華傑當時的想法是，「這個事件頗為值得進行傳播學分析。」頗為耐人尋味的是，《南方周末》的這篇報導還影響了有關部門對於即將大規模使用的互聯網的印象，還「曾到北大調查學生在網上是否幹了壞事」。

§

郵件不斷湧入的這半個多月，也是貝志城和他的同學、朱令父母乃至全世界關心朱令的人與協和醫院拉鋸的半個多月。當時的中國還相當封閉，這第一例互聯網求助事件一下子點爆了焦點，媒體開始關注事件，海外也對於中國有了互聯網、甚至還有人在互聯網求助就診而興奮不已。

然而，儘管「鉈」被愈來愈多地提及，但並未得到協和的重視。貝志城記得，由於對自己英語水準不夠自信，他在網上留下了從事外事工作的母親的電話號碼。有一天，母親接到一個紐約打來的越洋電話，「嘮嘮叨叨地說就是鉈中毒。」母親轉述後，貝志城回答，協和已經排除了重金屬中毒。後來他在網帖裡自嘲描述，「感謝那位醫生孜孜不倦和也許有些歧視中國人的精神。」他過兩天又打來電話，當被轉告說協和已經排除，對方「暴跳如雷說，怎麼可能能排除所有重金屬中毒，以我所知，協和根本沒有全套這樣的設備，怎麼能排除！到底做沒做鉈中毒的化驗」？

被轉達了這個電話內容後，貝志城再次給吳承之打電話，詢問協和到底是依據什麼排除鉈中毒，強調了那位「紐約客」的質疑。過了一天，吳承之回說協和沒有化驗，因為沒有設備，排除是因為症狀不像。

北大男生們把這個消息發布後，郵件組中一片譁然。貝志城記得，有人提出各種「土辦法」幫助確定診斷，朱明新也記得，曾經在美國駐華使館擔任醫務官、曾和協和醫院有過來往、也認識李舜偉的美國醫生奧迪斯當時旋即給李打電話，「說你們做不了的話，取一些血樣，我拿到香港或者日本去做化驗。」

然而在當時的中國，醫生不能也不敢拍板回應這樣的要求，「他要請示醫院醫務處、黨委，同不同意這個事。那個時候很戒備這些和國外的交往，必須（請示）這麼一圈下來，看看行不行，」朱明新說。

結果就是，協和根本不同意，說醫院有規定不得把病人樣本拿出去。檢驗也就沒能放行。

國外的醫生們仍在焦急地尋求給予幫助。朱明新記得，美國加州大學洛杉磯分校的一位學習醫學成像及計算機科學，名叫李新的留學生還專門建立了一個網站，把朱令的病情都登載上去。「他打電話來說能不能做遠端醫療。但這邊（協和）都擋住，都說不行的。」

貝志城也沒有放棄努力。多年後他在網帖中描述自己「如一般中國人一樣，開始找關係」。他通過母親找到了衛生部退休的老副部長，對方聽完訴說後，馬上給協和的副院長打了電話，委婉表達有群年輕人用新科技手段跟國外的專家有聯繫，打了一些資料供醫生參考，絕對沒有干擾治療的意思。貝志城記得，「之後，老人讓我直接去找那位副院長，我還記得她告訴我副院長是一位非常好的醫生，當年有個工人掉進糞坑窒息，現場急救設備不夠，現在的副院長、當時的年輕醫生自己用嘴把糞吸出來，救活了工人。」

興奮的北大男生們列印了一些明顯是醫生寫的郵件，貝志城帶到了協和找到那位副院長。騰出空接待的副院長給ＩＣＵ的主任打了電話，讓對方「接一下材料」。貝志城還記得，「我問他需不需要翻譯，對方笑笑說不用，協和的醫生英文都很好。」

於是，四月十八日，貝志城拿著一大摞英文郵件在ＩＣＵ病房外等主任，朱令的舅舅進去問是否能接受一下材料，對方答覆太忙，等會。貝志城記得自己一直站在門口耐心地等，從早上到中午，對方就是不出來接。「他一直在病房跟人談話，在我因為腿酸剛走到遠處的長椅休息，他就一個箭步衝進廁所，然後又迅速衝出繼續在病房跟人談話。」中午，朱令舅舅再進去說了一次，結果「比較明確，就是說資料對他們沒用，不要」。

於是，等待了一整天的貝志城充滿挫折感地走出了協和的大門。多年後他在網帖裡回憶了自己的心情：「我還記得那天在院子裡我看著陰沉沉的天空，不知怎麼，憤青的情節發作默默地說了句『我能打敗你』。」

後來接受記者採訪時，貝志城說，「現在回想，大概在醫生眼裡，我只是個與病人關係並不近的毛頭小子，還拿著一堆外國人的意見，有點指手畫腳的意思吧。」

在李舜偉最初就已經「高度懷疑鉈中毒」，國外醫生同行又異口同聲提到鉈的情況下，為什麼協和始終沒有向這個方向努力呢？這或許要追溯到協和的權威地位及醫患之間懸殊的位置不對等、資訊不對稱的關係。事實上，朱令父母在與協和醫生的溝通過程中，一直處於一種小心翼翼乃至戰戰兢兢的狀態。朱明新苦笑著說，每次跟醫生要求什麼她都很忐忑，怕對方不願意：「他們老覺得我在這兒妨礙他治療這個那個的，因為妳是外行嘛。」在多次會診的時候，主治醫生一句話就堵了回來：「協和是世界水準的醫院，妳還不相信我們？」

在接受《三聯生活周刊》採訪時，朱明新也曾坦陳她的無力感：「協和醫院畢竟是中國最有名的醫院，孩子在醫生手裡，我們不是學醫出身，當然要相信醫生，生怕有的地方做過了火，會讓醫生不高興。」夫妻倆都是性格溫和恬淡的知識分子，但是此刻唯一的女兒倍受病痛煎熬，他們只能硬起頭皮做各種平時難以想像的爭取。「做家長的又著急，恨不得每一種可能都去試一試。我們提過要不要做鉈中毒的檢測，但醫生沒接茬，也就不敢再多說了。」

朱明新希望嘗試的可能性中包含的一種，就是訴諸公眾——向媒體爆料。當時北京的新聞媒體有一條熱門新聞，是關於一個來自山東的小孩，胳膊毫無緣由地出現潰爛，在北京軍區總醫院住院多時始終無法確診。「那時候還沒有互聯網，通過報紙就求救了一下。人家說你這是什麼什麼病，一下子就治好了，」朱明新回憶。心焦的夫婦倆便小心翼翼跟朱令的主治醫生說，既然治療沒有進展，能否也考慮請新聞媒體報導，請社會各界幫助診斷。結果對方的回答是：「協和醫院是世界先進水準的醫院，他們那個醫院比較小，那孩子診斷本來應該很容易的。」朱明新苦笑了一下：「協和的大夫說話就是這個調子。」

在這段焦灼的拉鋸時間裡，朱令家屬的心急如焚，北大同學的焦灼衝動，海內外熱心人的積極熱情，都如同一個個拳頭，一次又一次擊打在了協和這個歷史悠久、地位超群、關係複雜的龐然大物那厚厚的、自負的外殼上。朱明新曾把這形容為「系統的冷漠與封閉」，她在接受記者採訪時回憶，「當時的氣氛怪怪的，尤其朱令是清華學生，又有那麼多外國人支招，好像搞得醫院有些緊張，醫生也不太願意面對我們，動不動就拉醫務科出來做擋箭牌。」

§

心焦不已的朱明新夫婦還是訴諸了媒體。

一九九五年四月五日，《北京青年報》的一篇報導第一次將朱令的病情公諸於眾，事件馬上引起社會關注。

這一天，有一個讀者看完報紙後立即跳了起來，「太像了！」

這個人叫陳震陽。當時，他還有一個月就要滿六十歲，是北京市衛生局下轄的勞動衛生與職業病研究所的研究員，已經在科研的崗位上工作了二十多年。

一九五〇年，陳震陽從浙江老家進入建國後上海剛剛開始興辦的第一屆醫士學校學醫，三年後考入上海第二醫學院。大學上了一半被國家調入北京，進入中國醫學科學院上課，校園就在協和醫學院。陳震陽就讀的是毒物化學專業，屬於軍事醫學生。這是彼時內外交困的新中國培養「防化人才」——亦即「防化學、防原子、防細菌」戰略的一部分。用陳震陽自己的話說，「因為五〇年朝鮮戰爭，打仗以後美國又有原子武器、化學武器、細菌武器，那麼我們中國也要準備嘛。」

在北京學習期間，陳震陽認識了他後來的妻子——從四川調到北京、同為毒物化學專業、後來專攻毒理學的同學崔明珍。自嘲「根不紅苗不正」的陳震陽說，夫妻倆在文革期間受到批判，被從軍隊趕出，下放到北京煉鐵廠當了工人。「原來在軍隊裡頭八十塊錢工資，下來以後只有四十塊錢。我家裡倆孩子，夫妻倆人都四十塊，沒錢了。」二〇一八年春天，我在北京見到了已經八十三歲的陳震陽，回憶起當年，他頗有些舉重若輕的豁達風趣。

文革結束後，兩人被落實政策，分配到了勞動衛生職業病研究所，任務是從事有毒物質的監測研究分析，支持地方工業。八〇年代初，陳震陽被公派到全球領先的德國的毒理實驗室進修，一九八三年回到北京，夫妻倆便開始了對於鉈的研究。

當時北京有個製造碘化鉈的工廠，生產制取測定放射性元素的晶體，主要用於國防及醫學造影領域。「比如說放在飛機上的，地上有什麼放射性元素，飛機一轉過去，就知道有什麼礦。把放射性的射線變成可見光，放射性有多大強度就知道了。這個東西放進人體，器官功能好不好，造影，看有沒有腫大，裡頭腫了外頭可能看不見。診斷很有用。」陳震陽說。

這是當時賺取外匯的國家項目，由於生產過程艱苦、人力成本和代價高昂，發達國家大多數不願意生產，就需要從中國進口。「很能賺錢，國外都來買。只有中國人願意生產，中國人不怕苦，」陳震陽苦笑。

這是事實，在一腔熱情大幹快上的上個世紀六、七〇年代，無論對環境保護還是人員健康和勞動保護，整個社會都缺乏基本認識。曾被清華大學郁鑒源教授在分析化學課堂上向物化二班提及、被協和醫院李舜偉接診的六〇年代那例清華鉈中毒患者，就是在實驗室清洗風道時攝入過量的鉈導致中毒的。

上世紀七〇年代中後期，隨著文革接近尾聲，經濟恢復，百廢待興，生產安全和工業衛生便成為必須考慮的問題。當時在生產中會使用到鈈的北京核儀器廠向國家衛生部提出課題，要求研究生產中鈈對於人體健康的影響，瞭解呼吸過程中的安全標準。這項課題便成為了崔明珍的重點工作。陳震陽記得，課題由衛生部立項、交給他們夫妻是一九八四年，自己剛從德國學成返回，項目要求研究後得出鈈的衛生標準和空氣安全濃度的標準。

這課題一做就是五、六年，直到九〇年代初結項。夫妻兩人由此也成為了中國最早開始研究鈈的毒性與公共健康問題的專家。

§

陳震陽記得，剛開始研究時，兩人做了很多資料蒐集，也全國實地走訪。印象最深的案例，是貴州一個鄉爆發的地方病。當時該地長期乾旱導致荒年，很多作物都由於缺水無法成活。唯一例外的，是能深入吸取地下水、根系又長又深的圓白菜。

很快，不斷有人出現「怪病」。第一個症狀，是「鬼剃頭」——「新娘嫁到這個鄉來了。結婚了一個多月以後突然病了，發燒，疼、疼的不得了。突然一個晚上，她頭髮全掉了，」陳震陽描述。

「怪病」給當地帶來了惡劣的政治影響，醫學研究和工業衛生的研究人員便被上級部門要求調查清楚。陳震陽夫婦到當地調研，看到一戶十口人的家庭，只有兩個人存活，一個是上年紀的老太太，一個年輕人已經失明。他們發現典型症狀非常相似，呈現家族性大片發病，最明顯的包括劇痛、脫髮、視力受損、神智不清以及指甲出現白色月牙狀線條。

後來的調查揭開了謎團，這個地方富產汞礦，也就是常溫下呈現金屬狀態的水銀礦石。在一九四九年解放軍「解放大西南」後，不少軍人留在當地生活，開礦之後的礦石礦渣便被鋪平開墾，蓋上薄土，用於耕種。而這些礦石礦渣中含有鉈——圓白菜長達一兩公尺的根系粗壯、生命力強，充分吸收了這些有毒元素。

這就是為什麼一九九五年四月五日，閱讀到《北京青年報》的陳震陽崔明珍夫婦立即驚呼，朱令的症狀實在太相似的原因。

陳震陽記得，這之後他找到了自己所在的勞動衛生職業病防治研究所的病房主任，希望通過他聯繫協和告知自己的意見。對方一聽立即回答，「這事你們就別去瞎折騰了，協和已經排除了。」陳震陽回憶，這位主任告訴他，前兩天剛開了個會，範圍是「全市專家」，包括北京市有職業病研究的北醫三院和朝陽醫院、朱令住的協和神經內科，以及北京市各大醫院神經科的專家，「全來了，會診。」

陳震陽一聽這話，立即領會：會診的都是專家、醫學教授，並沒有自己置喙的餘地。「我們算什麼呀，實驗室人員，沒有處方權，什麼權也沒有，」二十多年後回憶起這件事，他還帶著苦笑，「他說專家全部否定了，沒有職業中毒，理由是：沒有接觸過鉈。而且清華大學也否定了，說，我們就沒有（鉈），朱令就沒有接觸過鉈。」

§

到四月十八日列印出郵件衝去協和醫院找ICU主任的時候，貝志城和他的北大同學已經反覆看到「朱令是鉈中毒」，「請盡快為她做鉈檢測」的內容。他曾在採訪中回憶，「很多醫生激烈地發表郵件，就是說一定要做這個化驗，因為她的症狀太像了。」

郵件還在從全世界源源不斷地湧入，貝志城他們沒有氣餒，一邊瀏覽、翻譯、整理，一邊向朱令父母回饋這些意見。

在後來接受電視採訪時，貝志城回溯了當時的想法：「看著她從一個那麼活潑的女孩子變成現在這樣，如果是你的妹妹這樣你會怎麼樣？那我想我就要繼續下去。」在他的堅持下，朱明新也愈來愈焦急，不斷向協和醫院請求為朱令進行正規的鉈中毒檢測。

做為中國頂級醫療行業權威的協和，之前難以撼動和挑戰的「高冷」態度，到這個時候似乎出現了一絲鬆動——四月五日《北京青年報》的新聞報導，以及四月中旬貝志城和北大同學們利用互聯網形成的國際影響都帶來了前所未有的壓力。

於是，四月二十日，協和醫院召集朱令家屬和清華大學三方一起開了一個溝通病情的會議。與會者包括協和醫院的醫務處處長、ＩＣＵ主任，以及神經內科的三位醫生，其中包括主治大夫魏鏡。清華的與會者則是化學系主任廖沐真和副主任薛方渝。

在朱明新的會議紀錄中可以看出，協和幾位領導和醫生的發言中強調病情複雜，治療困難，診斷需要有一個認識過程，但最關鍵的用意則是表達：社會各方面的關心對醫院造成了壓力，希望不要形成干擾，應酬輿論壓力。

「表面上是通報一下病情，解釋排除鉈中毒的原因，」朱明新後來在接受採訪的時候這樣對記者描述，她認為協和實際的用意是表達了一種對家屬和北大同學「不聽話」

的不快：「院方認為協和醫術是世界先進水準，『不要給我們干擾』。」

在三年後的一九九八年七月三十日，化學系副主任薛方渝寫的一份回憶這次會議的情況說明中，佐證了當時協和的態度：「醫院表示，他們有類似手段可以做這方面工作，希望我們不要干擾他們的工作，相信他們一定會盡最大的努力對朱令進行搶救治療。」清華的行政領導當場「代表學校表示，感謝醫院對朱令的救治工作，學校一定按照醫院的要求，全力做好配合工作」。

這場會議最讓朱明新沮喪的是，協和方面「多次提示家屬朱令可能已沒救了」。本來就在和醫院的溝通中處於劣勢的朱令父母更加謹小慎微，不知所措。在頗有些尷尬和火藥味的氣氛裡，朱明新最後發言，表態說：「希望大夫不要誤解家長和同學們的做法，大家只是著急，盼著朱令快點確診而已。」

公允地說，在這段時間裡，協和也對朱令這個「疑難雜症」相當重視，幾乎是天天安排她接受各種不同的研究性檢查，儼然把朱令當成了一個難得的科研物件。朱明新曾向記者回憶前來會診的協和不同科室醫生，會依據各自的專業積累和判斷，建議進行諸如「骨穿刺」甚至「腦活組織」檢查，父母拒絕了其中一些傷害性大的項目。後來有媒體報導過一個讓朱明新夫婦印象深刻的插曲。主治醫生堅決要求朱令從她病房所在的老樓搬到前面的另一座樓去做核磁共振，因為朱令處於昏迷，全身又插滿管子，朱明新不得不請來「數名壯漢幫忙搬運」。就是這些林林總總、價格昂貴又與真正治療方向相左的檢查，使得一年多後朱令出院時，全家面臨一張五十萬元的醫療費用帳單。

在朱令住在ＩＣＵ的一個多月時間，朱明新的日誌中還記錄了一次孫維的來訪。她記得有一天，孫維打電話表示想來看望，「說帶些民樂磁帶，聽音樂可以幫助蘇醒。」但ＩＣＵ規定嚴格，每天只有下午四點到五點的一個小時允許進入，每次只限一人輪流探視，朱明新便婉拒了。但臨近探視時間時，吳承之在家又接到孫維的電話，詢問病房的位置，他再次婉拒。但孫維堅持說：「已經到東單了。」

當天探視時間到了後不久，孫維與其父孫大武一同出現在ＩＣＵ，不過朱明新記得「沒有收到她在電話中說帶來的磁帶」。當孫維進入病房時，朱明新在ＩＣＵ門口向等候的孫大武表示感謝，奇怪的是，對方「不答話，也沒有問侯的表示」。朱明新寫下，「表情令我不解。」

§

到了四月下旬，朱令的情況已經日漸危重。二十五日晚上七點，坐不住的吳承之找到朱令的主治醫生魏鏡談女兒的病情，再次提醒重金屬鉈中毒的可能性。根據他的日誌紀錄，對方的回覆是：已請朝陽醫院做過砷檢測；並且清華大學提供了接觸化學品的清單——沒有鉈；病症也不符——其他人沒有得病。在這份日誌上還記著，夫婦倆的一位朋友受託和協和一個神經內科的醫生通電話，談及朱令家人詢問是否有鉈中毒可能，對方的回應是，「勸勸朱令母親，不要自己看書，亂猜疑了。」

到了這個時候，聽說朱令的生命可能已經走到了死亡的邊緣，朱明新吳承之夫婦的很多朋友和同事都趕來探望最後一面。朱明新記得，不少人詢問能否幫上什麼忙。「我說你們要能給我幫忙，就給我找一找什麼地方能化驗這個鉈吧，」朱明新說。

四月二十七日，同事岳曉平找到了一個電話號碼，說「你打電話試試，也許能做檢測」。朱明新打開，看到了一個名字——陳震陽。

這時「五一」假期將至，很多單位都已經提前進入節日前的鬆弛狀態。陳震陽記得，四月二十七日下午他在辦公室裡如常工作，聽到有人在外面詢問他在哪個房間。接著，一位中年婦女敲門進來，自我介紹是清華女生朱令的小舅媽，還遞上了朱令的病歷。

陳震陽立即反應過來，這就是自己四月初在報紙上讀到的清華女生，忙說自己知道這件事情，覺得很像自己研究的鉈中毒。

二十多年後在和我的交談中，八十三歲的陳震陽反覆強調鉈中毒的典型症狀：「從神經末梢開始，先癢，然後就疼。從底下一直往上升，從腳，大腿，肚子。到肚子以後兩腿就不能動了，肌肉神經已經麻痺。除此之外還有嚴重脫髮和指甲上的白色月牙線條，專有名詞叫『米氏線』（Mees' lines）。」

事實上，二十年來，在熟悉和關心朱令的親友、記者，乃至公眾之中，很多人都能對鉈中毒的相關知識如數家珍，這幾乎成為了一個向全社會科普的過程。

陳震陽記得，朱令小舅媽當時轉達的意思是，外甥女已經快不行了，她父母已經不抱希望了。「但是現在要找個死因，什麼原因。父母不服氣。」

陳震陽聽了這話，立即表示自己可以幫忙檢測，囑咐舅媽回去收集朱令的檢測樣本，包括頭髮、皮膚、指甲、尿液、血液以及腦脊液。「如果不是要查死因的話，腦脊液我不會讓她抽。但既然我一個人要頂幾十個人，就不得不做很嚴肅的考慮，所以把身上東西全要來了，」陳震陽回憶。他的考慮是，那麼多醫學專家都排除了鉈中毒，那麼為了嚴謹起見，既然做檢測就要做得完整全面，不留下疑問。

送走訪客，陳震陽立即動手重新設置設備。九〇年代初他和夫人崔明珍完成課題後，相關設備就已經「收攤」，幾年沒有用過了。需要重新配置標準液，才能檢驗樣本。

這時的朱明新卻犯了難，和協和溝通已多次碰壁的她，不好意思再開口跟主治醫生提要求。於是，她趁著當天的固定ＩＣＵ探視時間，收集了女兒脫落在病床上的皮膚和導尿尿袋中的尿液，又從一九九四年十二月朱令第一次發病時穿的尼龍運動衫上收集到了當時脫落的長髮。但是檢驗還需要血液和腦脊液，這必須要得到醫生的首肯才行。朱明新記得，因為擔心不被理睬，她又特地跟陳震陽要了一張名片，戰戰兢兢地拿去交給大夫。對方拿了名片請示領導，終於，同意了。

四月二十八日大清早，吳承之帶著女兒的樣本到了陳震陽的實驗室。陳震陽記得，吳承之看起來已經對於女兒活下去不抱希望，到了只想弄清死因的絕望狀態。他就請他先回去等結果，說自己做檢驗也需要時間。

送走吳承之，陳震陽立即開始做檢驗，已經提前設置好的儀器和標準溶液都在，檢驗其實是很快的事情。把樣本放進原子吸收光譜儀中，出現的結果把他嚇了一大跳。「看到我的記錄儀表盤針啪一下就上去了，峰值一下子打到頭上去了，沒數據了。」這說明被測的人體內鉈含量遠遠超出了實驗檢測所設定的範圍，陳震陽覺得難以置信——他之前做過上萬份的含鉈尿液檢驗，從沒看到過這樣的情況。

陳震陽的第一個念頭是，樣本會不會太濃了。「血啊，尿啊，頭髮啊，指甲啊，這些都要重新處理，變成液體才行的。」他只好對樣本進行稀釋，先是十倍，再來是一百倍，直到指針不會再一下子打到頭為止。他記得，各種樣本之中，頭髮和指甲的鉈含量最高，一直稀釋到了上萬倍。

震驚不已的陳震陽一時不敢相信眼前的結果，又擔心會不會是儀器出了汙染問題，造成測量不準確。不放心的他又用同事和自己的尿樣再次檢驗，和朱令的樣本進行對比。「沒接觸過鉈的人，做出來沒有。她的一做，高那麼多，那就不是我的儀器有問題。」結果出來，對比的樣本呈現陰性，而朱令的樣本依然是——強陽性。

至此，陳震陽確定結果無誤。他立即打電話給吳承之和協和醫院，告知初步確定是鉈中毒，要求協和「趕緊準備搶救」。想法是，「我半天都不要耽誤你。」當時正在機場送人的貝志城也得到了消息。

正式的檢驗報告則是當天下午才出具的，其中列明：朱令尿鉈含量二七五微克／升，腦脊液鉈含量二六三微克／升，血清鉈含量三一微克／升，毛髮鉈含量五三二微克

／升，指甲鉈含量二二八二四微克／升，遠超正常人數千乃至上萬倍（北京地區人群中鉈為〇—五微克／升），也遠超過了致死量。

後來陳震陽夫婦測算，朱令體內的鉈含量應該超過一克（一〇〇〇毫克），而鉈毒的最小致死量是一二毫克／公斤。也就是說，一名體重六十公斤的成年人體內的鉈毒致死量是在七二〇毫克，也就是〇．七二克。朱令體內的鉈毒已經超過致死量近四〇％，而這，還是她八次全身換血之後的結果。

朱明新記得，她拿到檢驗報告就往醫生那裡衝，此前一直堅決排除鉈中毒的主治醫生此時顯得難以置信，自言自語「她沒有接觸史啊，怎麼可能」。舅舅朱明光還記得，這位主治醫生問他，朱令有沒有自殺的可能，「我說絕對沒有。他說，唉呀，那就太可憐了！」

到這個時候，朱令已經發病將近半年，陷入昏迷一個多月。從李舜偉第一次門診寫下「高度懷疑鉈中毒」到終於被檢測報告確認是鉈中毒，歷時整整五十二天。

或許朱明新在二〇〇一年接受《三聯生活周刊》採訪時的一段話可以總結：「我們都是知書達禮的知識分子，我們也都很清楚，換了一家醫院，可能還沒有協和有能力搶救孩子的生命，至少它在醫療設備和技術上是一流的。但因為協和的傲慢和自視甚高，才導致了這一惡性的後果。權威的觀念是可怕的，它有時候不僅延誤病人，還會損害它自己的聲譽。如果協和能夠謙遜一些、集納多方意見，我想我們家這樣的悲劇就可能不會發生。」

在二十餘年後，我對當時清華物化二班的班長張利採訪時，他也感慨，如果不是貽誤這麼久，朱令的命運或許會是另一個樣子。他的話頗有些耐人尋味：「朱令倒楣就倒楣在她一連碰到了幾個『名譽高於一切』的情況。當時中國大環境就是這樣，對人的尊重不是太（重視）……要是真正以人為本，一開始就把人放在最重要的地位的話，可能結果會不一樣。」

第八章

協和醫院的診療費五十幾萬，真正的救命藥四十多元

一九九五年五月之後

陳震陽為朱令做鉈中毒的檢驗報告，在當時其實冒了不小的風險。

那是五一假期前的最後一天，勞衛所下午就不辦公了，負責公章的人更是早早下班。沒辦法找到人蓋公章，陳震陽就簽下了自己的名字。「我就個人名義了，膽子也豁出去了，我簽字我負責，」他回憶。

長久以來，「擔責」是一件令人恐懼的事情——少做少錯，不做不錯，不作為總好過出錯擔責任。人們習慣了謹小慎微，本能地厭惡冒險。

陳震陽並不是沒有想到自己可能遭遇的後果：「檢測結果出去了我是孤立派，法律

上出了問題，人家都說沒有鉈，清華說教研室就沒有鉈。那這個事情我怎麼辦？」他頓了頓，語氣堅定地繼續，「但是我覺得我相信科學，相信事實。那就不管它，簽！」

後來的二十餘年裡，隨著一次又一次成為熱點，關心朱令的網友們把陳震陽奉為英雄。聽到這個詞，八十三歲的他態度顯得自信淡然、不卑不亢，並沒有出現一般人慣常的不安和謙虛，「要說英雄，我確實頂住了壓力。」

陳震陽告訴我，這種壓力首先來自當時自己的工作單位。他記得後來所長對他頗為責怪，意思是協和醫院自然會有處理的辦法，輪不到他來越俎代庖。說起這些年很多人以為他因為救人受到了表揚和獎勵，陳震陽苦笑了一下，「得了什麼啊，我得了個紅本——退休證。意思是你趕緊走吧！」——那是一九九五年五月，隨著給朱令開具檢驗報告，他的年齡也到了，便立刻被單位要求退休。後來事情被新聞媒體報導，不少記者找上門，陳震陽依然記得單位領導冷漠的態度，「電視臺來採訪，找書記什麼的，他們理都不理。」

如今的陳震陽依然熱心而又忙碌，他每週都抽出幾天時間為社區的老人輔導新概念英語，逢年過節還會給朱令家發訊息表達關心和祝福。但令人遺憾的是，陳震陽和崔明珍對於鉈進行的科研，在課題結題之後就沒有繼續下去。這個領域也始終處於邊緣小眾的地位，直至今天依然如此。由於中毒並非常見情況，中國日漸以效益為驅動的綜合性大醫院沒有動力花費成本添置檢驗設備和培訓人員。可想而知，臨床醫生欠缺相關的知識儲備與應對經驗的情況，在過去二十年間能得到改善的程度始終相當有限。

而與之相對的是，全球在過去一百年間發生的僅僅二十幾例以鉈為手段的投毒案件中，中國就占了一半以上。做為始終懸而未決的中國第一起以鉈投毒的案件，朱令的遭遇悲哀地成為了兇手們的教科書，這是後話。

§

接下來的事情就是對症治療了。

得知確診結果後，協和立即邀請了六名國內知名的神經內科專家會診，決定給朱令用廣譜[1]抗毒藥「二巰基丙醇」（Dimercaprol）解毒。

上世紀六〇年代，一篇著名的通訊報導〈為了六十一個階級兄弟〉在《中國青年報》發表。報導的是那個時代的主旋律、讚頌「崇高階級友愛精神」的故事。用今天的話說，是不折不扣的正能量謳歌。

故事要回溯到一九六〇年，春節剛過，山西省平陸縣有六十一位民工集體食物中毒，生命垂危。當地醫院在缺乏解救藥品的危急關頭，用電話連線全國各地醫療部門，終於找到解藥。但當時一窮二白的中國交通不便，藥品無法及時送達。當地政府便越級報告國務院。中央領導當即下令，動用部隊運－5運輸機[2]，將藥品及時空投到事發地點。於是，六十一名民工兄弟因為黨和政府以及各個部門的大愛得救了。這篇通訊很快成為了新聞寫作的範文，還入選了中學課本，影響了幾代中國人。

文章中提到的解毒藥品，就是二巰基丙醇。這種藥劑最早由二戰期間英國牛津大學的生物化學家研製而出，當時是做為生化武器路易氏劑（Lewisite，2－氯乙烯基二氯胂）的解毒劑。後來在醫學中做為重金屬中毒的解毒藥劑應用，原理是其分子中的巰基，易與某些金屬或類金屬結合，從而阻止其離解後發揮毒性。

「給『六十一個階級兄弟』的藥，生產於五〇年代，二次大戰時的用藥，早已停產，」吳承之回憶，他當時犯了難。幸好最後他們還是在中日友好醫院找到了這種藥，售價只要三毛錢一支。

然而，通訊中的六十一個民工所中的毒，是較為常見的砒霜，也就是砷。對於鉈的解毒，二巰基丙醇解毒並不見效。朱明新記得，一直在網路郵件中焦急關切朱令情況的留學生李新對於協和的診治非常質疑，「他說根本就沒用，甚至還有副作用。」朱明新記得李新告訴她，美國的毒物專家建議，要用「普魯士藍」。

不要說朱明新夫婦，就連協和的醫生們之前也沒怎麼聽說過這個名詞。

普魯士藍（Prussian blue，亞鐵氰化鐵），是一種深藍色的化工顏料，在畫圖和青花瓷器中較多應用。由德國畫家狄斯巴赫（Johann Jacob Diesbach）一七〇四年意外發現——他原本是打算製造紅色顏料的。德國的前身普魯士軍隊的制服顏色就是使用它，一八七一年德意志第二帝國成立後相當長一段時間仍然沿用普魯士藍軍服，直至第一次世界大戰前夕才更換成了原野灰。

普魯士藍解鉈毒的原理，是陽離子鉈可置換普魯士藍上的鉀，之後形成不溶性物質隨糞便由人體排出。「重金屬跟神經系統發生化學反應，是跟活性蛋白質結合。它不是馬上引起你感官的不舒服，而是奪取了你的活性分子。所以只有拿更活潑的（分子）把它結合出來，就是拿普魯士藍。」一多年後，朱令同班同學潘波用簡單通俗的語言科普了解毒的原理。他告訴我，事實上，當得知朱令中毒，身為化學系學生的不少同班同學私下都有議論，探討正確的救治方法、長時間誤診造成解毒時機的延誤，以及對朱令的進一步傷害。「誤診就會造成重金屬老在食道裡面，會不斷地從消化系統進到各個器官裡面去，」潘波說。

朱明新立即跟協和提出使用普魯士藍解毒。她記得當時協和的藥房即將放假，擔心再拖又要耽誤幾天，便決定找熟人幫忙，於是想到了曾在上世紀八〇年代擔任國家衛生部長的崔月犁。崔家以前是住在朱令家樓下的鄰居，崔月犁本人還曾在六〇年代與朱明新的父親朱啟明在北京市政府共事，兩家交情不錯。

但事情結果令人有些哭笑不得，朱明新吳承之被告知化工用品商店就有普魯士藍出售。揣了「在當時是鉅款」的二千塊現金立即趕去的吳承之發現，這其實是「特別便宜的東西」。買了一小箱、十瓶，合計只花了四十多元，一瓶四塊多。

在協和的醫藥治療費總計是五十多萬，而「真正的救命藥僅需四十多元」。二〇〇六年接受《法制早報》採訪時，吳承之的語氣裡充滿無奈。

這之後的故事便幾乎沒有懸念了。一九九五年五月五日，協和醫生終於被說服採用普魯士藍為朱令口服解毒，陳震陽持續追蹤了這之後她身體各項指標的變化。他記得「開始的時候降得很快，後來就愈來愈慢，是一條緩的拋物線。非常漂亮，最後一直到〇了」。

這條「漂亮的拋物線」大約畫了一個月的時間，陳震陽回憶自己當時給吳承之和朱明新打氣：「我不斷地鼓勵他們，朱令年輕，才二十一、二歲，會一天天地好。」但陳震陽也很清楚，鉈對大腦、神經系統，尤其是視神經傷害非常大，朱令究竟能恢復到什麼程度，沒有人有十足把握。

直到一九九五年八月，昏迷長達半年的朱令才終於醒了過來。朱明新的大事紀裡，記載了一點一滴的變化：八月一日，最後一次複查鉈濃度；八月二十一日，明顯聽懂媽媽「閉眼」、「睜眼」的要求；八月二十五日，聽到張嘴、閉眼、笑一笑的要求，能做出反應；八月三十一日，徹底甦醒；九月八日，能「抱住我，伸舌頭……」

朱明新曾在給美國《讀者文摘》記者的信件中描述，「每天我守候在病床旁，不停地和她說話，從她的表情感覺到她能聽到媽媽的聲音，就問她：『令令，聽到媽媽說話就閉一閉眼睛。』八月底，她真的在我說完後閉上眼睛。我說：『令令，妳聽到了，是嗎？』，她努力點頭並痛哭，可憐的孩子氣管被切開，發不出聲，慘狀真不忍睹。」

從未放棄希望的朱明新在這一刻並沒有欣喜若狂。後來接受採訪的時候她回憶：「我每天都在跟她說話。以前看電影，好像昏迷的病人醒過來是很突然的，實際上不是。朱令是一點點醒來的，今天會眨眼了，明天會流淚了。所以，到最後她完全醒過來的時候，我沒有興奮，只有欣慰。」

§

一九九六年六月，朱令從協和出院。儘管從死亡邊緣救了回來，但長達半年多的鉈毒侵害已經嚴重傷害了腦神經，她再也沒能恢復曾經的聰慧，視力近乎全盲，語言能力幾乎完全喪失。

回頭看協和醫院這個中國醫療界的頭號權威和龐然大物，長久以來，普通患者根本連平等對話的權利都沒有，更不要說質疑、甚至挑戰了。但是朱令住院過程中幾個未能得到解釋的問號卻是難以迴避的疑團：既然上世紀六〇年代李舜偉就曾經接診清華鉈中毒的案例，為何到了九〇年代卻無法確診？協和曾經與清華合作編纂出版過毒物手冊，其中對於鉈中毒有專門闡述，為何對於朱令的診療會拖這麼長時間不做化驗便堅決排除？

一九九六年十二月，由於對協和醫院搶救不當的不滿，朱明新吳承之將協和告上了法庭，北京市東城區法院立案審理。

提起這個官司，朱明新感慨其中的艱難：「跟協和打官司（很難）。協和跟清華一樣，是中國的第一，不能碰的。以前也沒有人去打這種官司。」

從來與人為善、老實淳樸的夫妻倆起初並不想走這樣的司法程序。朱明新的想法「主要是想給女兒一個好一些的醫治環境，再加上我一再考慮是否將來還可能不得不回協和去治病，它畢竟是中國最好的醫院」。而吳承之的想法更簡單，「他老是覺得大夫挺好的，像李舜偉什麼的，」朱明新說，「我就說他沒有憂患意識，老是從好的角度去說。」

因為再不起訴時效就要過期，朱明新夫婦最終才不得不硬著頭皮打了官司。而這之後的聽證過程中，朱明新發現協和不但不承認自身有過錯，還在《衛生報》刊登文章，將朱令得以生存描述為協和的功勞，「給自己臉上貼金」。而在其提供的證據中，朱明新更發現不少與事實有出入，諸如協和要求公安開具了一份描述其救治過程中無法找到檢驗鉈的部門的證明，而朱明新發現，這是在朱令已被確診鉈中毒之後才開具的；協和還要求陳震陽所在的勞衛所的一名專家證明勞衛所無法進行鉈檢測，而陳震陽事後告知朱明新，這個人在檢測當時根本就不在國內。

朱明新是被逼著進入了這場司法硬仗：「完全出乎我的預料，協和一再地出具與事實不符的證據。我的決心也就愈來愈堅決，直到後來，變成了我是家裡唯一堅持要打完這場官司的人。面對的壓力是他人難以想像的。」

在九〇年代的中國，以個體對抗集體，尤其是國家級頭號權威，力量之懸殊可想而知。朱明新後來十分後悔自己當初沒能複印下女兒的全部病歷，「那時候就覺得挺貴的。」後來希望再去複印，已經無法拿到核心的關鍵內容了。儘管如此，當時的朱明新依然覺得事實清晰，鐵證如山，勝訴應該理所當然。

但是事與願違，衛生局下轄的醫療事故鑒定中心做出了協和沒有過失的鑒定。朱明新回憶：「意思是雖然怎麼著，但是也不是他們的主要責任。」於是，一九九九年四月二日，東城區法院基本依據醫療事故鑒定中心的說法做為判決的標準，判決書陳述：「本病案經二級醫療事故鑒定委員會鑒定，不屬於醫療事故，原告所訴被告有延誤診治的過錯，但證據不足……」

當年十二月，朱令父母上訴到北京市第二中級人民法院。《法制早報》曾經採訪過無償為朱令一家提供法律援助的幾位律師，其中律師馬曉剛記得，朱明新見到他的第一句話就是：「我們知道二審很難打，只是想給女兒一個交代。」

馬曉剛面臨的最大難題是證據不足，「他們是為了給女兒看病，不是為了打官司，所以一些醫療單據就沒有保留。」這也是朱明新後悔沒有複印全部病歷的緣由所在。馬曉剛曾在接受記者採訪時坦言，案子最大的壓力來自醫療鑒定制度的不完善，他形容醫療鑒定機構與醫院的關係——「當爹的不能打死兒子吧？」二〇〇〇年六月，北京市法庭科學技術鑒定研究所受到委託再次進行鑒定，法醫劉鑫成為主要負責人。他將所有蒐集到的病歷資料重新進行了梳理，並重新取證，發現朱明新所說時間和人物的出入不符確實存在，這份鑒定基本否定了協和所自述，曾對朱令是否鉈中毒積極尋求檢測資源的努力。在二〇一三年接受媒體採訪時，劉鑫回憶了在他主持召開的司法鑒定聽證會上，自己就此問題與李舜偉進行的一次對話。「為什麼提出高度懷疑（鉈中毒）？」李舜偉回答，就是因為自己在上世紀六〇年代曾接診過一位同樣來自清華的鉈中毒患者，印象深刻。「那為什麼沒有確診？」劉鑫追問。李舜偉說：「確診要靠實驗室化驗資料說話，臨床判斷只是提供一種可能。」

最終，劉鑫所在的北京市法庭科學技術鑒定研究所做出結論：「協和醫院該不作為的行為導致被鑒定人朱令病情被診斷的延誤，因此，北京協和醫院在本次醫療行為上存在一定的不當之處。」二〇〇〇年十一月二十六日，北京市第二中級人民法院終審判決，協和醫院補償朱令醫療等損失共十萬元。

此時的朱令家，幾乎已經是家徒四壁。代理律師馬曉剛在接受媒體採訪時說：「各方代理人，包括審判長，都是從道義上來考慮，其實賠償的十萬元對於朱家來說，根本不夠。」也是因為這個原因，他婉拒了朱明新堅持要支付的代理費：「我們的律師費不用考慮，非要給的話就用在孩子康復上好了。」

這場官司，在長達幾年的時間裡，與權力、權威來了個硬碰硬的交鋒，朱令家看似贏得了「庶民的勝利」。但幾乎所有人都不覺得贏了。馬曉剛曾說，「雖然拿到了安慰補償金，但對於極度傷殘的朱令以及龐大的醫療費，結果無異於敗訴。」

在回答我官司是否算「贏了」這個說法的時候，朱明新苦笑了一聲：「沒有贏。二審僅僅是做為補償，不叫我贏，仍然是他們贏。法院的人特別同情朱令這事，但是最後結論還是——（協和）沒責任。」

§

以陳震陽的經驗，中毒的情況一般分幾類——誤食、自殺以及他殺。如果是誤食，「中毒過一次再來一次，這樣的情況很少，而且不會有來源。」而自殺就更不可能，「不會有人用鉈來自殺，痛苦地厲害，」陳震陽解釋：鉈中毒的特點是隱蔽，無色無味，需要幾天時間才發病，大腦、神經系統、消化系統一一嚴重受損，肢體由下至上劇痛，「吃完以後一個禮拜疼得要命了。而且還是兩次中毒。頭一次已經痛苦地那麼厲害了，我再吃一次自己願意嗎？」

人們此刻才突然意識到——這是他殺，朱令是被人投毒的。

朱明新記得，一九九五年四月二十八日傍晚拿到檢測結果報告後，她立即去找李舜偉告知情況，並請他以專業的經驗分析原因。「他的意思就是，這個只能是投毒，不可能是意外。」聽到這樣的判斷，之前從未往投毒方向想過的朱明新幾乎懵了。

報警，是冷靜下來之後的第一個念頭。朱明新馬上問李舜偉，協和能否出面報警。但李舜偉拒絕了。

有些不知所措的朱明新和吳承之商量後，決定打電話給住在清華園的弟媳陳東，讓她找清華校方報警。陳東記得，那時已是晚上八、九點，她立即衝到了和自己家只隔一排家屬樓的清華化學系副主任薛芳渝家。

此時的薛芳渝也已經得到了消息。之前一直和李舜偉保持直接溝通的他，當著陳東的面打了電話給對方，告知朱令家屬想要報警。「李舜偉的回答我在旁邊也聽見了，說『協和不報警，你們清華報不報我們就不管了』，」陳東說。

這通電話掛斷後，薛芳渝又給時任清華大學黨委書記賀美英和校長王大中打電話，說情況是鉈中毒，家屬要求報警。陳東記得，兩個領導的回答都是「家屬要求那就報」。薛芳渝這才給清華保衛處處長打電話，大意是說自己的化學系有個學生鉈中毒，現在家屬要求報警。

陳東回憶，「當時那個處長口氣是很不屑的，那意思就是，啊？還要求報案？」薛芳渝補充說自己向賀美英和王大中都請示過了，書記校長都同意了。「那個處長就說，喔，那就報吧。」

滿心以為這樣就已經完成報案程序的陳東便離開了。事後才知道，這位保衛處長當時其實既沒有立案，也沒有向公安局上報。

因為突然得知朱令是被投毒，全家每一個人都徹夜難眠。陳東回想，那一夜自己怎麼都睡不著，「覺得中毒太可怕了。」第二天一早七點，她再次跑到薛芳渝家，提出把朱令宿舍的其他人清空到別的房間，把現場保護起來讓公安局搜查。但薛芳渝的答覆是，「那讓她們住哪去啊？學校安排有困難。」陳東記得，薛芳渝還「安慰」她說，馬上就五一放假了，她們宿舍的人要去泰山旅遊，房間沒有人。

無計可施的陳東只好離開。多年之後回憶，她的語氣裡依然充滿遺憾，「我能有什麼辦法，我也沒有辦法呀。結果後來他們根本沒報案也沒立案，既沒處理學生，也沒保護現場。」

§

在一九九五年四月底確診鉈中毒之後，貝志城和他的北大同學們仍然源源不斷收到來自互聯網的各種郵件。

因為男生們被告知，協和對於解鉈毒並沒有經驗，希望能繼續尋求國外醫生專家的意見。方向有三點：協助找到「二巰基丙醇」，因為協和的藥量並不多；詢問是否還有其他更好的治療辦法；對後續治療不樂觀，因為鉈中毒對神經系統損害極大，詢問國外是否有經驗。

否定掉並不對症的二巰基丙醇、使用普魯士藍就是在這時與李新以及一些在美國的醫生溝通中得到的治療建議。

確診之後的時間裡，貝志城和宿舍同學每天工作二十小時，他記得幾個人「有的在檢索以前郵件裡有用的資訊，有的負責和國外聯繫」，還有的，則要翻譯、整理郵件。

這個時候接近五一，郵件已高達近二千封了。如何高效、準確地篩選和統計有效資訊成為一個大難題：全部是英文，不少還涉及專業醫學術語和詞彙，數量又龐大，讓幾位力學系男生犯了難。

因為人手少，當時幾個北大同學想出了一個解決辦法——找清華朱令的同學幫忙。貝志城的同學吳向軍在多年後跟我提及這段故事的時候自嘲「當時的想法很天真」：「想著朱令是清華的同學，清華英語好的人很多，而且做為她的同學們，對於自己的同學生病了做出一些幫助，應該是比較合理、天經地義的。」

在清華有很多老同學的吳向軍便自告奮勇和貝志城一起去了清華校園，後來發生的事情成為了證明「物化二班冷漠」的最著名例子。那天貝志城聽說物化二班還在上課，就先回了北大，留下吳向軍繼續等。晚上回到宿舍的他怒氣沖沖地抱怨：「這是什麼變態班啊！」

吳向軍跟我對話時，雖然情緒不再像二十多年前那樣激烈，但他佐證了這一點。「有個詞叫 indifferent（冷漠），事不關己，」他這樣總結那個下午物化二班的人留給他的印象。

對於清華十分熟悉的他當天跑了幾個地方，首先去的是朱令所在的女生宿舍樓，想法是「因為朱令是女生，所以首先想到的就是她們同寢室的，關係更好的朋友」。他等到了兩名女生，說明來意後得到了「我們明天都訂好了五一出去旅遊，實在沒時間翻譯」的回答。這種反應令吳向軍有些意想不到，他只好再去找其他同學。

之後，他被領到了當時物化二班的團支書薛鋼那裡，又被薛鋼和另一個班幹部帶著找到了輔導員。吳向軍記得，輔導員的態度不錯，在他表達請盡快翻譯然後交回給北大他們幾個綜合整理送交協和的要求後，對方「表示感謝，說會留下來研究啊之類的」。他還記得，自己留下了清楚的聯繫方式。

但此後，北大男生們再沒有等到任何下文。

多年以後，關於當時物化二班究竟是否冷漠躲避、高高掛起，幾乎成為了網路上這個班級被裹挾的一樁公案。很多人參與討論，說法不一。

二〇〇五年，孫維在天涯第一次打破沉默發表的長篇聲明中提及了這個細節：「九五年四月底北大的一名同學來到我們宿舍告訴我們說朱令被確診為鉈中毒，他們收到太多的電郵回信，希望我們幫忙翻譯。我和另外兩名同班同學馬上去報告了系領導，並和其他幾個女生一起連夜翻譯。」值得一提的是，孫維還在聲明中剖白說自己對朱令之前長時間無法確診很關心，她說由於母親是醫生，她還把朱令的脫髮、皮膚疼、腿疼等症狀告訴了母親，「讓她幫著分析和打聽」，母親的回應是「可別是紅斑性狼瘡」。

顯然，孫維提到的北大同學就是吳向軍，如果孫維正是他當時遇到的表示五一假期要旅遊、沒時間翻譯的女同學之一，那麼她的表述就與之矛盾了。在天涯的評論區，有網友質疑，如果孫維當時真的參與了翻譯，應該立即就看到了大量推斷是鉈中毒的回覆，如果她真的如此關心朱令，如此為室友遭受痛苦又不能確診憂心，為什麼不立即告知朱家和醫院救治朱令，而要提什麼紅斑性狼瘡呢？

班長張利則記得自己參與了翻譯。「材料是薛鋼拿過來的，他當時就找幾個英語比較好的同學。那種電腦紙，兩邊帶孔的，每人分一摞，大概幾釐米厚。」後來擔任專業翻譯工作的張利在本科階段英語就非常突出，他印象中當時北京各個院校都已放假，自己專門在五一假期去北醫的同學那裡借了醫學詞典，然後帶回家翻譯。據他回憶，翻譯完的資料他交回給了薛鋼，而薛鋼又交給了老師。

在天涯成為圍繞朱令論戰的戰場後，貝志城曾公開指責物化二班同學在這件事上表現出的冷漠自私，毫不掩飾他對於表示五一要旅遊的幾個朱令室友的憤怒：「要知道她們是朱令的同學，而我的北大同學跟朱令素昧平生，在這件事情上卻經常通宵熬夜處理郵件。所以，我對朱令的女同學和清華有很深的成見，就來自於此。」

團支書薛鋼則回帖反駁說：當年五月一日之前，他接手郵件後就把郵件分發給班上很多同學翻譯，其中包括孫維，並且隔天就交給系裡轉交給了協和醫院。

清華的同學究竟有沒有、有哪些參與了翻譯，成為一個始終沒有人說得清楚的謎。物化二班在大一英語分班考試後進入高級班的只有五人：朱令、孫維、薛鋼、張利及一位用童宇峰的話說「埋頭學習，很少參與班級政治」的女同學徐冉。童宇峰後來曾表示，當時大部分物化二班同學對於幫助朱令的翻譯活動毫不知情，他詢問過徐冉，也得到她「沒有參加過翻譯的印象」的回答。

§

清華的校慶日是每年四月的最後一個星期天，一九九五年的這一天是四月二十九日。校慶加上五一，再加上春假，儘管當時還沒有開始實行後來中國人熟知的調休「黃金週」，這個悠長假期也一直放到了五月四日。

五日是上班的第一天，陳東記得接到了朱明新的電話，「說清華的派出所給他們打電話約他們下午去談，讓我跟著一塊去。」

此時的朱明新和陳東都以為這是五一放假前的報案有了回饋。直至到了清華派出所才被告知——放假期間，朱令宿舍發生了盜竊案。派出所通知她們來是告知相關情況同時做筆錄的。公安局十四處的民警李軍告知朱明新，宿舍裡錢散落在地上，竊賊似乎意不在錢，只丟了一些日用品。叫她們來是想問清楚朱令有些什麼東西，再對比宿舍裡剩下的物品，得出丟失了哪些東西的推論。這次訊問中，民警並沒有告知朱明新和陳東宿舍裡究竟丟了什麼。

陳東記得，過了很長一段時間之後，薛芳渝才通知她去看朱令物品的清單。她立即詫異，因為「所有跟入口有關的——飯盒、水杯、勺子、筷子、叉子、喝藥的瓶子，全都沒有了」。陳東回憶，薛芳渝的反應是，「哎喲我沒注意，我看看吧。」「他一看確實有這問題，就把那個收起來了，說回去問問，沒（把清單）給我。」

當時的陳東還沒有意識到，朱令放在進宿舍門口處公用架子上洗澡用的塑膠小筐連同裡面的沐浴露、洗髮水和一些化妝品也不見了。這之後又過了好幾天，薛芳渝打來電話詢問陳東，朱令的杯子是什麼樣，陳東詢問了朱明新後告知是一個「不銹鋼帶把的」。對方回答：杯子找到了，打掃衛生時，在床下找到的。

在朱明新吳承之的日誌中記錄了後來民警提供的一些細節：第一個報案失竊的人是

王琪，有同學看到失竊前最後離開宿舍的人是孫維。而童宇峰記得，有同班同學告訴他看到物化二班團支書薛鋼「慌慌張張從六號女生宿舍樓跑出並要求該同學不要聲張」。

去過派出所之後，朱明新他們覺得很放心，相信宿舍失竊這麼小的案子，堂堂首都警方應該很快就能破案。就連朱令被投毒的調查他們也非常樂觀，「幾次電話裡面也講得很清楚，（公安）他們也覺得挺有信心的。毒源也比較集中，覺得肯定能查出來，」吳承之記得。

然而這起看似簡單的盜竊案連同投毒案，卻都成了謎。在吳承之朱明新的大事紀上記錄著：公安到現場，找不到朱令喝水的杯子，後來是孫維在床下找到的。做案現場全被破壞了。

在朱令父母的大事紀中，摘抄了老公安王補在一九九八年寫給公安局長的一封信，對於這次失竊案的疑點做了全面性的梳理。

最近我和吳承之，朱明新夫婦見面時，再次討論了這一推論。大家認為有這種可能性。朱明新還補充了一個情節：一九九四年十月朱令有一次有一隻眼睛暫時失明，經檢驗治療一、二天後復明。如果這一推論成立，有可能是由浴液侵入一隻眼睛造成的。這樣第一次投毒時間可能推前一個多月。次日，我和陳震陽通了電話，陳震陽的意見是：這種想法「不能拒絕」「但如何證實？」「如果皮膚上有傷口，則吸收更多。」

五月七日上午該宿舍發生一宗蹊蹺的竊案，朱令被盜的物品是一個洗澡時帶往浴室的塑膠小竹籃，內放浴液，洗頭液和一些化妝品，還有朱令喝水用的不銹鋼水杯（後來由孫維在她的床鋪下發現，孫維是本案嫌疑人），聽說塑膠小竹籃以後也在別處找到了。當天下午十四處到達現場，通知朱令的父母（吳承之，朱明新）去清華大學談情況，朱明新談了朱令所談她和孫維之間的矛盾。對五月七日宿舍發生的竊案要進行全面的複析。

如果浴液，洗頭液一類東西確實丟了的話，則第一次中毒是皮膚攝入的可能性大。對這宗竊案的蹊蹺也可以做出點推測了。五月七日是朱令確診的第九天，中間有兩個公休日，但朱令是鉈中毒的消息想必在化學系不脛而走。保衛部想封存物品的消息也有可能傳到孫維耳中。當時根本不會想到她接觸鉈的情況，系裡會替她保密。把宿舍可能會留下「鉈」痕跡的物品轉移掉是合乎情理的推論，蹊蹺性也可以做出點解釋了。至於「滾」到孫維床鋪下的不銹鋼的水杯裡面沒有檢出鉈離子，說明拋杯者是知情的。

第二次中毒，劑量大，症狀重，發病急，陳震陽認為是從消化系統吸收的，這有道理。問題是摻進什麼食品，飲料？如何摻？朱明新說過去專案組並未詳細詢問過這方面的情況。據她回憶，當時朱令正在服中藥，是假日在家預先熬好，裝在瓶子裡，朱令每天都到臨近樓裡的團委辦公室，用他們的電爐加熱後服用。中藥湯是理想的載體。中藥瓶的特徵？最終下落？要請朱明新很好回憶寫出證詞。朱明新還說，她還給朱令帶過麵包，龍牡狀骨沖劑等食品，這些也都可以做為投毒的載體。

1 指藥物對很多種微生物、致病因子或疾病有效。

2 運-5是中國第一種自行制造的運輸機，其原型為蘇聯四〇年代設計的安-2運輸機。

第九章

警方與校方的態度

一九九五年下半年至一九九七年上半年

《女友》雜誌是朱令被確診鉈中毒之後最早開始報導事件的幾家媒體之一。一九九五年五月，記者來到清華朱令的宿舍，看到的情景是「她昔日的同學已把雜物和部分行李堆到了屬於朱令的那張床上」。採訪室友，得到的回答是「我很忙，沒有時間給你講朱令」。在記者的一再堅持下，這位同學才同意「簡單講一下」。朱明新記錄下了那段原話：「朱令，女，二十一歲，才貌雙全，多才多藝，性格活潑，開朗大方，自去年十二月生病，今年四月昏迷，至今仍在協和醫生接受治療，句號。」

這個接受採訪的室友究竟是誰，直到一九九七年四月十四日物化二班即將畢業時，朱明新才弄清楚。她記得自己打電話給金亞，她承認當時在宿舍的是她和王琪，「別的還有誰忘了。」而提及態度的冷淡，她說自己「不願事態擴大，因此不願多說」，還認為「記者不是為朱令好，太卑鄙了」。

也是在這篇報導中，化學系副主任薛芳渝罕有地接受了採訪，說：「從朱令的在校學習環境中看，是絕不可能接觸到含鉈物質的，她做的實驗其他學生也做。」接著又強調，「而且做為本科生，她絕無可能接觸到含鉈物質。」

此時朱令中毒案已從清華派出所上報到了北京市公安局十四處，由民警李樹森負責偵破。住在清華園的舅媽陳東不放心，隔三差五路過清華派出所就去找所長李慕成問一問進展。到一九九五年秋天，她記得李慕成告訴她，李樹森很盡責，工作非常細緻，一口氣查到石家莊，竟然追查到了清華大學購買鉈鹽的發票。

吳承之也記得李樹森對這個調查成果頗為自豪。一九九五年秋天，在醫院日夜照顧朱令半年多的吳承之回到地震局，保衛處的人通知他公安上門了。「李樹森很得意的，說他們的工作做得很細。兩千多人他都調查了，最後落實到兩百多個單位，再落實到清華大學買到這個化學品的發票和介紹信，」吳承之回憶。

此前清華一直堅持「沒有鉈」的說法到這個時候終於被打破了。吳承之記得，公安再去聯絡清華，得知化學系李隆弟、童愛軍兩位教授做實驗要用鉈，學校確實購買過。

事實上，搜索SCI科學引文索引的資料庫便可以發現，一九九六年清華大學在荷蘭學術期刊《分析化學學報》（*Analytica Chimica Acta*）發表過一篇涉及鉈鹽的論文，英文題目是「Solid-substrate and micellar-stabilized room temperature phosphorescence of two anilinonaphthalenesulfonates」，第一作者和第三作者剛好分別是童愛軍和李隆弟兩位教授。按照化學學科研究實驗寫作發表的一般週期可以推算，相關實驗工作時間應該正好就在一九九四至一九九五年朱令中毒期間。

§

在一九九五年，朱令全家一直對於破案非常樂觀。朱令父母記得，李慕成提到，調查已經有嫌疑人目標，「上面批准後，就開始短兵相接。」舅媽陳東還記得，李慕成信心滿滿地說，「妳就等著好消息吧，這層窗戶紙一捅就破了。」

朱明新回憶，警方在辦案中讓她猜測嫌疑人是誰，說「大膽猜」。當時的她並沒有頭緒。而這時清華校方在起初矢口否認清華有鉈、朱令有接觸鉈的可能性之後終於改口，承認童愛軍和李隆弟教授的實驗室中，除了幾名研究生參與實驗外，還有唯一的一名本科生——孫維。也就是說，朱令身邊的人中，孫維是唯一能合理合法接觸到鉈的學生。

九五年底，警方向朱家透露，孫維是「唯一嫌疑人」。

這是貝志城第一次聽到這個名字，後來多年在網路上與孫維和其他物化二班同學爭執的他曾專門回憶，自己在一九九五年之前根本不知道孫維是誰，「並不是我以及朱令家屬懷疑孫維，警方才開始調查她。而是警方長時間地調查孫維，我們才知道了孫維是這個案件的嫌疑人。」

吳承之也記得，他原本對於孫維這個名字一無所知，直到負責辦案的公安到了他的就職的中國地震局瞭解情況。「當時公安到落實動機的時候，就專門問了一下我跟孫維的父親孫大武在文化大革命當中有沒有過節。」吳承之想，兩個女孩的父親同在一個單位，大概給公安提供了一條關乎做案動機的線索，「如果文化大革命有死仇的話（就可能有動機），對不對？」吳承之分析，「當時有這種現象發生過。可是我文化大革命不在北京，在西安，她爸是武漢的，根本就沒接觸過。」

也是在這個時候，成為國際互聯網事件的朱令遭遇的關注焦點，從遠端會診、醫療建議開始朝事件背後的原因轉向。《美國醫學》在一九九五年十二月號發表了一篇名為〈互聯網診斷：與中國的新連接〉（Internet diagnose: new link to China）的文章，其中提及「朱令看起來是一起謀殺企圖的受害者，她父母五月向北京公安局報案。事實上朱令沒有在含有鉈的實驗室工作過」。有趣的是，這篇文章中將投毒的動機描述為「被拋棄的追求者」（jilted suitor）。這篇文章後來在互聯網上被美國內科醫生芬克引述，又在九六年被著名的暢銷雜誌《讀者文摘》以〈互聯網救助〉（Rescue on internet）轉載。

後來的多年裡一直關注朱令、在美國成立了「幫助朱令」基金會的何清記得，就是在一九九六年前後她在美國媒體上知道了朱令的故事。而這個「追求不得便投毒」的故事版本，在後來美國福斯新聞（Fox News）的報導中也再次出現。何清記得，當時的報導提出了這是一起投毒案，發出了「兇手是誰」的疑問。並將嫌疑人描述為了「求愛不遂者」。

與此相反的是，由於警方和清華校方對於資訊的遮蔽，一種諱莫如深、粉飾太平的氛圍始終縈繞在朱令的身邊，縈繞在清華和物化二班這個怪異的集體上空，很長一段時間裡，國內的新聞報導對於投毒的真相都追問寥寥。

§

原本滿懷希望的朱令家始終沒有等到公安承諾的「捅破那層窗戶紙」的好消息，就這樣，時間來到了一九九六年。一月，朱令父母多次向清華派出所和北京市公安局十四處詢問，被告知，他們的工作情況已向領導彙報，正等待指示，「破案組努力做了許多工作，寫了一份報告已報給市局。」

當一九九六年年初朱令的舅舅再次致電清華派出所李軍的時候，對方再次表達了一個此前已經多次暗示的意思：「你們太老實了，我們該做的工作都做了。」一向淳厚質樸、很少開口求人的朱令父母突然明白，這是委婉告訴他們，公安也感到無奈，是時候「找找關係」了。當時已經是地震局研究室主任的吳承之於是拜託一名曾是轉業軍人的同事，找一找公安局的熟人。對方打聽了情況以後告知，這個案子已經變成「局長專案」，「不好打聽了」。

吳承之苦笑，「當時聽到這個是專案並不覺得是案子難辦，覺得是上面重視了，還很高興。局長親自抓，這個案子還破不了嗎？」後來才覺得風向不對，「就是上面一直批不下來，又變成專案了，誰都動不了了。」

多年後回憶時，已經飽經滄桑、處變不驚的吳承之淡然地分析說，一九九五年，公安也一度非常樂觀。「當時基本已經破了，到九六年都變成局長專案了，結果呢？這三個月裡面出了變化。」吳承之頓了頓，解釋，「九六年的年初，公安局給我們的電話裡調子就變了。」

採訪時，吳承之拿出了他複印收藏好的一大盒資料，其中有一份是一九九八年二月《作家文摘》頭版文章〈總書記與百歲老

作家文摘

1998年3月11日出版 第268期 ZUO JIA WEN ZHAI

中国作家协会主管 作家出版社主办

每周三出版 国内统一刊号:CN11—0222

邮发代号:1—190 国外发行代号:NT—1083

总书记与百岁老人孙越崎

吳承之收藏的一九九三年三月十一日《作家文摘》的複印本。

人孫越崎〉。文中描述了時任中共中央總書記江澤民為原國民黨政府行政院政務委員兼資源委員會委員長孫越崎在內戰中帶領人員和物資投靠共產黨的「起義」行為平反，以及兩人多年來結下深厚交情的故事，並在文末提及了一九九五年年末孫越崎的辭世——「孫越崎帶著對祖國的無限眷戀，辭世而去，享年一百零三歲。一千多名各界人士趕到北京八寶山公墓向他做最後的告別。江澤民總書記送來了花圈。」

這篇長篇通訊中，提及江澤民如何在中南海會見孫越崎，並指示給他提為正部級待遇，要求有關部門領導為他解決醫療、用車等各方面的問題。吳承之說：「給他安排到部長樓，二十六號樓，享受離休待遇。我查了一下，『起義』的裡面享受離休待遇的，就這麼一個。」同一時間，孫維的大伯孫孚淩正擔任北京市政協副主席，而在那之前曾任北京市副市長。

後來網路上出現了各種傳聞，流傳最廣的版本是說孫越崎臨終前專門向江澤民為其孫女求情，要求放了她。而孫維在二〇〇五年的天涯聲明中特別提到了這一點，反駁的理由是公安機關對她的訊問在一九九七年四月二日畢業前夕發生，而她的爺爺則是一九九五年十二月九日去世的，「陰陽兩界」不能對話。

這個聲明中的自辯對於吳承之毫無說服力，他笑說，「特別提到她的祖父沒有參與這件事。你看了〈總書記和百歲老人孫越崎〉之後就會懷疑了。」

在一九九六年，隱約感覺風向轉變而愈來愈坐不住的朱明新夫婦決定寫信給中共北京市委政法委、北京市公安局，懇請催辦此事。一九九六年二月二十七日，北京市公安局十四處的趙政委找兩人談話，大意是案件難度很大，仍在努力之中。吳承之回憶，對方的意思是，「這次特來與我見面，就不再書面回答我的來信，當時我十分感激他們答應繼續努力做偵破工作，期待早日破案。」但他沒想到的是，從那以後他嘗試詢問過多次，卻再也沒有得到任何回音。

在這段時間，關於朱令離奇中毒的原因究竟是什麼，同時出現了幾種或許是人為或許是無意的猜測和討論，平添了重重疑雲。吳承之記得，九六年一月，貝志城打來電話，說清華化學系有傳聞說，朱令的父親在走私鉈鹽。言下之意，中毒是由於接觸了父親走私的毒物而引發的。

貝志城後來在天涯社區加入論戰時回憶了這件事情：「警方調查之初，我的一位關係很好的大學同學，女友在清華且和朱令班上一些女生關係不錯。說清華傳言朱令中毒是因為她爸爸走私鉈，不小心沾染的。當時，我想這個謠言如此惡毒，實在不像是無聊的人可以編出來的，告知警方調查出謠言的來源有助於此案的偵查。好友因此差點和我決裂，我被訊問時警方態度很友好，他的女友被詢問時，警方的態度就完全不一樣了。我對同學很抱歉，但是這件事還是要做。同時，我補充一點，謠言的來源最後查到了，確定是孫維所為。」

同時，在吳承之朱明新這段時間與北京市公安局十四處負責偵破的民警李樹森電話聯繫的過程中，對方表達了辦案還在進行中、不能排除誤服可能的意思。吳承之想到，在朱令宿舍的神奇失竊案之後，公安把朱令其他遺留在宿舍的東西都集中封存在了化學系的辦公樓。也就是說，如果是誤服，鉈毒殘留應該還可以在她的物品中化驗檢測出來——而如果是人為投毒，那可能已有人故意清理了現場。

然而接下來發生的事情再次讓人驚掉下巴，在物化二班即將畢業的時候，朱令父母被告知，朱令的這些剩餘物品再次失竊了。

朱明新回憶第二次失竊案，仍難掩失望和憤怒。在朱令治療的兩年多裡，清華開始不斷催促她為女兒辦理退學，朱明新堅持不同意，出於一種抵制的心態，一直沒有去清理這些東西。清華便把派出所貼上封條，包括相機、手錶、蜂蜜、咖啡和飯盒等各種物品放在化學系樓道裡。朱明新記得，當兩年後被告知失竊發生時，化學系的反應輕描淡寫：「可能是被打掃衛生的人給偷了。」除了錢和貴重物品，這一次盜竊還幾乎把所有和入口有關的東西「掃蕩一空」。經過幾個月的拉鋸，最終的解決方案是——清華化學系向朱令家賠償了三千元。

在二十多年後，美籍華人賀敏將當年朱令中毒時的長髮進行質譜檢測，可以清晰看出中毒的兩次峰值——這是當年沒有條件進行的。也就是說，隨著時間和科技的進步，以前無法檢測的物品以後可能可以，以前不成為證據的證據以後可能成為。而隨著第二次失竊，所有的實物證據全部消失殆盡。

八月，朱令父母再也坐不住了，決定給時任北京市公安局長張良基直接寫信，要求進行化驗。

吳承之把這封信摘抄在了他們的年度大事紀中：

七月二十三日曾與公安局李樹森同志電話聯繫，印象之一是偵破工作還在努力進行，還不能排除誤服的可能性。據我主觀的分析，如果是誤服，偵查的範圍應小得多，因中毒的那兩天（時間範圍短）朱令活動範圍很小，可接觸的東西很有限。如果毒源不是人為投放，就不會被人為銷毀，不會消失得沒有了痕跡。想到這裡心急如焚，當即請求盡快對朱令的物品和接觸環境做一次細緻的檢測，時不宜遲了，一為偵破該案取證，也為避免遺害他人。李樹森同志表示他們已有安排，但我從清華大學化學系處瞭解，至今還沒人來化驗封存在化學系的朱令的東西。我的另一印象是我給公安部門寫的信都轉到了原辦案人的手中，但現在這些辦案人員都已轉做其他工作，原辦案同志都曾對我說過無論偵破結果如何，都會給我一個交待。但現在他們已不辦此事了，我該怎麼辦？做為受害人，我很想瞭解案情進展情況，協助破案。但自立案以來受害人和家屬從來也幫不上忙，請告訴我，我們能做什麼，與誰聯繫？（最近想與李樹森同志聯繫，但電話不通，或找不到人。）盼望回音。

然而，信發出之後，石沉大海，杳無音信。一九九六年年末，朱明新吳承之得知了一個壞消息，北京市委宣傳部開了面向媒體傳達信息的吹風會，要求「朱令的事不要再報導了」。就這樣，第一次輿論關注的熱點迅速平息，而兩位老人艱難而孤獨的硬仗卻只是剛剛開始。

§

時間到了一九九七年，朱令依然不斷在醫院和家之間輾轉。從昏迷中醒來的一年多，由於鉈毒已經侵入神經，她的生活自理能力徹底喪失，智力只剩下幾歲孩童的水準，視力全盲，連基本的站立和保持平衡都是大挑戰。時不時會出現緊急狀況再次入院。除了日夜照顧陪護女兒，此時朱令父母面臨的更緊迫問題是，醫藥費怎麼辦？

做為清華學生，可以享受公費醫療，朱令早期在協和的治療費用清華承擔了。但一九九六年，也就是朱令住院一年後，清華就已經停止繼續支付醫療費用，並開始一遍又一遍催促朱明新吳承之給女兒辦理退學手續。陳東記得當時朱令家的窘迫：「清華就不管了，全是家裡掏。你沒看那會他們的日子過的，簡直都讓你很難想像。」

承受著精神和經濟雙重重壓的夫婦倆實在無奈，只能連續給清華校領導寫陳情信。在一九九七年三月二十五日的第五封信裡，他們再一次表達了最迫切的幾點請求：請清華保留朱令的學籍；請求繼續支持朱令治療康復的費用；請求安排朱令的生活至能夠自理，或案件水落石出之時。

直到一九九七年四月二十八日，在物化二班學生畢業前夕，清華終於做出回應，安排了一次與朱令家屬見面的座談會。出面的是來自校辦、總務處、保衛處、教務處以及學生部的行政領導們，化學系的代表是副主任薛芳渝。朱令的媽媽朱明新和舅舅朱三三在這次座談會上再次提出了自己的訴求。但校方的回應相當堅決：

關於學籍：國家有規定，朱令的學籍已不能保留。學校考慮，若朱令病癒，有醫生證明可重新考慮復學。今後朱令與學校是校友關係。

關於費用：家屬建議設基金支付費用，對學校來說是天文數字。學校經濟緊張，愛莫能助。有學籍，有費用。無學籍，無費用。

關於家屬提出：學校做為事件的當事人，付出了五十萬元搶救治療費。是否能和家屬共同追究協和醫院責任？學校表示不宜出面。

而關乎對於毒物的管理和責任，校方的回應是「清華對化學藥品的管理很好，沒有問題」。

清華這次千呼萬喚始出來的正面對話或許是被朱令舅舅朱三三的一連串行動不得已逼出來的。一九九七年四月三日，看到外甥女悲慘的狀況、姊姊一家的痛苦，朱三三決定親身到清華找物化二班的同學面對面談一談，要求他們提供線索，幫助朱令。在動身前，朱令家嘗試知會公安方面和清華化學系。因為聯繫不上負責偵破的李樹森，他們便打電話給清華派出所的李軍，對方表示理解，但擔心，「同學情況瞭解不多，針對性不強，可能造成負面效果。」根據朱明新記錄，李軍感嘆，「我只是權力太小了！」而化學系薛芳渝則明確表示，不贊成朱令家屬去和同學接觸。

見面還是成行了。朱令當時的男朋友黃開勝帶著朱三三前往，原本希望多見一些同學。但據朱明新記載，團支書薛鋼攔住了，說「你和同學接觸不合適」。最終出席的只有五位，分別是班幹部薛鋼、潘峰（王琪後來的丈夫）、張利以及王琪和金亞，其他大部分物化二班的同學並不知情。十多年之後去看望朱令時，張利和潘峰告訴朱明新，他們是到這次見面才知道朱令的遭遇竟然是一起刑事案件，而其餘大部分同學更是始終被蒙在鼓裡。

朱明光記得自己的弟弟當時的想法：外甥女被害，她的同學卻表現得相當冷漠，

「就火了，想去發動他們一下，想去跟他們說，你看令令都這樣了，你們怎麼一點同情心都沒有，甚至把令令特慘的那些都說了。」

結果卻是事與願違。朱家大事紀記載，「朱三三請這五人吃午飯，過程中，王琪、金亞不說話。」而根據二〇〇五年孫維在天涯的聲明，描述「朱令的一位舅舅來到學校，召集了很多同學，說『朱令的案子拖了這麼久，到現在也沒有人承擔責任，朱令家裡很窘迫，現在目標已經很集中了』。並說，『公安機關辦案需要很多手續，有些公安機關不宜出面做的事，我們決定自己出面，採取一些非常規的行動。』」

孫維說，參加這次會面的同學很快就告知了她，她的家人於是立即向派出所、化學系和學校保衛處彙報，家人擔心她的安全，不讓她上學了。

出乎朱令家意料的是，這次談話非但沒有起到效果，反而適得其反。朱明光記得，化學系副主任薛芳渝「特別不滿意，從那以後就態度變化了」。到了四月中旬，朱三三決定直接致電孫維家，和孫維的父親孫大武談一談。朱令家的紀錄是，孫大武接了電話，態度不友善地說：「你是誰？我不認識你。我們是被懷疑對象。」過程之中，對方拒絕談，反覆表示不願接觸，並且「套問你們知道什麼」。

而孫維的說法是，朱三三聲稱「我手裡有不利於你女兒的證據」，孫大武說「有證據應該立即交給公安機關」，「我絕不是怕與你談，但一定要有公安人員在場作證才行。」隨即朱三三改口，「不能算證據，只能叫線索。」孫大武回答，「線索也應該交公安人員，」還表達了，「我們兩家有兩點是完全相同的，第一都是受害者，第二都希望早日破案。」

聽到孫大武願意談、但需要公安在場的表態，已經孤注一擲願意做任何努力的朱家便信以為真，聯絡要求公安出場陪伴。但可想而知，公安的回答是：「警方只管破案，溝通是你們自己的事兒，和我們沒關係。」

就這樣，兩次努力都付諸東流。一九九七年四月二十三日，朱三三抑制不住憤怒，給物化二班同學和孫維分別寫了一封信，也就是後來孫維在聲明中描述為「恐嚇信」的信件。這封信的開頭是一張朱令躺在病床上、由於痛苦睜圓雙眼的照片，文字則是毫不掩飾的憤怒。

同學們：

你們還記得朱令吧，看看這副照片，不知有何感受。

朱令很想上學，很希望回到同學們中間。然而，她卻不能了。使她變成這樣的是一個和她一樣年齡的女大學生，這怎麼能使人相信。破案原是警方的事。然而，案情的蛛絲馬跡、兩年的時間，加上嚴謹的邏輯分析，我現在已完全可以確認誰是做案人。

原來我認為，如此之小的做案範圍，如此簡單的做案動機，破案應是不成問題。而且，對於一個小女孩，由於一種不成熟的忌妒心理而做出的不負責任的行動，本應給予一定程度的原諒。

但是，當我進一步瞭解到，做案人非但至今不準備承認自己的作為，而且準備出國，逃出國法範圍時，我憤怒了。我想到了許多，以我兩倍於你們的年齡，但卻未曾考慮過的問題。

我想到，在這個世界上，是否誰都可以殺人，誰都可以被殺。

我想到，在這個世界上，是否還有公平，是否還有法律。

我想到，法律的界限在那裡，道德的界限在那裡。

我想到，權力，勢力，黑社會。

我想到，對朱令所做的事情，如果法律無法給予懲罰，是否可以仿效。我以為，以我的年齡，做事的方式將不會比她更不高明。同學們，幫幫朱令，也幫幫那個和朱令一樣的同學。人心本善，但不要濫用了善良。苦海無邊，回頭是岸。勸勸她，做無愧於法律、良心的事，這個世界上還會有一塊屬於她的生存空間。

朱令的舅舅朱三三

孫維：

或許妳還記得朱令，看看這副照片——妳的作品，不知有何感受。

破案原是警方的事。然而，蛛絲馬跡、兩年的時間，加上嚴謹的邏輯分析，我現在已完全可以確認誰是做案人。

原來我認為，如此之小的做案範圍，如此簡單的做案動機，破案應是不成問題。而且，對於一個小女孩，由於一種不成熟的

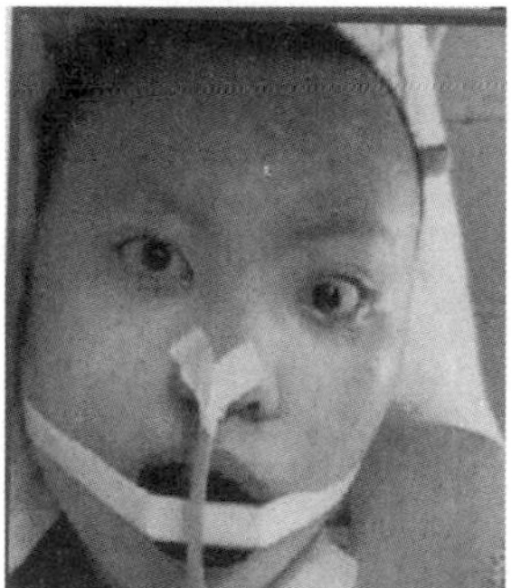

朱令的舅舅朱三三於信中所附上的朱令照片（朱明新、吳承之提供）

忌妒心理而做出的不負責任的行動，本應給予一定程度的原諒。
但是，當我進一步瞭解到，做案人非但至今不準備承認自己的作為，而且準備出國，逃出國法範圍時，我憤怒了。我想到了許多，以我兩倍於你的年齡但卻未曾考慮過的問題。
我想到，在這個世界上，是否誰都可以殺人，誰都可以被殺。
我想到，在這個世界上，是否還有公平，是否還有法律。
我想到，法律的界限在那裡，道德的界限在那裡。
我想到，權力，勢力，黑社會。
我想到，對朱令所做的事情，如果法律無法給予懲罰，是否可以仿效。
我以為，以我的年齡，做事的方式將不會比妳更不高明。
或許妳會欣賞妳的得意之作，那只能證明妳已經無可藥救，而且危害社會，如此殘忍之人，世人皆曰可殺。縱然是天涯海角，終不能逃脫懲罰，我發誓不惜用一切手段為朱令復仇，為國家除害。
妳欲置朱令於死地，心腸之狠毒，手段之殘酷令人髮指，我可以救妳一命，需妳坦白自首。

朱令家愈來愈心急如焚的原因在於，一九九七年夏天，物化二班即將面臨畢業，不少同學將會出國，一旦兇手出了國門，真相大白的希望就會變得更加渺茫。三月二十五日，朱明新吳承之再次致函時任北京市公安局局長的張良基，指出朱令的同學即將畢業離校，其中很多人將出國留學，呼籲不能把兇手放出國門，表達懇請盡快安排偵破事宜。三月二十八日，朱新又給物化二班的班幹部寫了一封信，附上媒體報導，表達了「我決不會讓兇手溜出國門，呼籲你們協助」的意思。

四月中旬，夫婦倆決定，寫信給時任國家公安部刑事偵查局副局長、有著「中國福爾摩斯」之稱的烏國慶。在朱令家的大事紀中，摘錄了這封信的部分內容，字裡行間，讀得出焦急痛苦卻又克制禮貌的複雜交織。

公安部刑事偵查局副局長烏國慶同志：

您好！

……

在發現朱令是被鉈鹽所毒後的當日，家屬立即請求學校向公安部門報案並保護現場。但案件現場未被及時保護，還遭到破壞。學校方面沒有積極及時提供鉈鹽源的存放及接觸人員的狀況，採取被動等待調查的態度，及學校保衛部失職，是造成醫院誤診和喪失破案取證時機的原因之一。家屬多次問及學校領導，何時就朱令受害案件做出一個交代？答覆是：破案工作是司法部門的事，學校不好辦。

此案的破案工作歷經近兩年的艱難曲折……偵破工作為什麼多次停頓？為什麼約一年半了，始終舉棋不定？什麼人促使他們不敢下決心？

據瞭解，清華大學多處有鉈鹽，化學系實驗室就有，並確實有的學生能夠接觸到。犯罪人應是可以接觸到鉈鹽，又能接觸到朱令和她有競爭關係的人，即是同班、同住女生宿舍、參加清華藝術團活動的人，並在案發後有若干異常表現的人。具有如上特徵人的範圍已非常小。朱令令第二次遭毒的活動範圍十分有限，因第一次病未癒，整天躺在宿舍。時間段亦是範圍很小，從九五年二月二十日至三月三日。

……被朱令認作好朋友的同班，同舍同學——孫維是殘害朱令的犯罪嫌疑人。我也瞭解到孫維是民革中央副主席孫越崎的孫女。這就是為什麼近兩年了，儘管辦案人員十分努力，做了大量工作，而偵破工作多此停頓的癥結所在。

今年七月三日朱令的同班同學全部畢業離校，犯罪嫌疑人孫維已辦理出國留學，一旦成行，此案恐就再難偵破了。為此，我懇請您親自過問此案，建議您查看辦案卷宗，核實我所敘述的事實。促使清華校方對此案偵破採取積極態度，阻止犯罪嫌疑人孫維出國。如果確屬國家統戰工作需要，案犯從事件中接受教訓，改邪歸正。念孫越崎先生的功績，朱令還活著，我可以接受對案犯從輕發落的處理，放她一馬。

一百二十年前的清末，楊乃武和小白菜的案件得到真相大白，多少人曾為之丟掉了烏紗帽的。現在，又是一個丁丑年，早已是共產黨領導下的新中國，有那麼多正氣凜然，秉公執法的公安戰士，我堅信殘害我的無辜女兒的兇手不會漏出恢恢法網！

一九九七年五月，物化二班畢業在即，清華進一步催促給朱令辦理退學手續，儘管家人強烈反對，仍然在五月十五日得到消息，清華大學化學系接到教務處和學生部通知，要求強行辦理朱令退學手續。

萬般無奈之下，朱明新給物化二班的同學們又寫了一封信，希望能曉之以理、動之以情。

同學：

你好！

我是朱令的媽媽。昨天得知，學校的杜總務長強行勒令辦理朱令退學離校的手續。當然，這消息我沒告訴她。令令只知道同學們馬上就要畢業離校了，很想大家，她說出了所有同學的名字，很留戀和你們共同生活過的日子，也許從此再見不到你們了。她囑我一定要對同學們說聲再見，祝大家順利，平安。記得她那樂觀，坦蕩，真誠的笑容嗎？附上朱令入學時的照片做個紀念。

朱令發病後，大夫高度懷疑鉈中毒，由於醫院和家屬沒能得到化學系鉈鹽使用的真實情況，誤診五十二天，現在的朱令已被殘害得面目全非了！

「輕信」是朱令的弱點，自上小學起，我就從沒聽她對我抱怨過同學的是非，而常講述的是同學的特長和優點。但在案發前，朱令卻感慨地對我說：「原來與好朋友接觸太多了，也不是件好事！」她已隱約感覺到，原視為好友的孫維有處處絆著她的表現。（我已收集了許多例證，僅舉一例：九五年寒假後朱令拖著虛弱的身體來校上課，徐冉同學想和朱令調換實驗課的時間，朱令不在場，孫故意不徵求朱令的意見一口代她答應了徐冉同學，事實上更換時間對朱令的病體來說不合適。後果是使徐冉同學感到不快。）

蛛絲馬跡帶我去揭開犯罪頭上的面紗。

投毒者得逞須：

一、九五年二月二十日至三月三日間，（朱令在學校的這幾天，除每日去團委辦公室的電爐上熱中藥，整天躺在宿舍床上，準備補考。身體虛弱之極，每日早飯只能吃些我帶給她的麵包和「壯骨粉」沖劑，喝同宿舍其他人打來的水。午飯和晚飯去飯廳買飯菜端回宿舍，半躺著吃。）誰能接觸到朱令的飲食、起居，並能不被朱令察覺，祕密、隱蔽地投毒？

二、誰熟知朱令活動規律、生活習慣，掌握投毒的時機和場合，具備自然接近的條件？

三、誰清楚地知道第一次投毒，沒有導致朱令休學，二次繼續投毒？

四、誰懂得鉈鹽毒性，毒理，知道使用鉈鹽能害人的人？這四種條件已把罪犯範圍縮小到同班同舍的女生。

加上：

五、誰可接觸鉈鹽？誰在一九九四年十二月以前就協助搞毒品研究的教師做科研課題？誰是能接觸鉈鹽的個別同學？

六、誰有做案動機？

七、誰有異常表現？誰在散布流言，混淆視聽？

八、一九九五年五月初，醫院診斷朱令兩次鉈中毒的消息傳到學校，一一四宿舍發生一起離奇的「盜竊」案，丟失的物品是些不值幾個錢的日常用品。誰做的案？到此，犯罪嫌疑人已唯一地指向孫維。

以上問題的詳細內容我不在這裡敘述，朱令悲慘的故事發生在你們身邊，被殘害的容貌會在你們的記憶中會留下陰影。殘害朱令的人竟是她的同窗女友。心腸之狠毒，手段之殘酷，令人髮指！去相信這一事實，對我同樣也是痛苦的，不可思議的。今後無論你們到哪裡，如遇到問題，需要瞭解詳情，可與我聯繫。

好了，再重複一次朱令對大家的祝福吧：「親愛的同學，再見了！祝你順利，平安！」

多年後朱明新曾在童宇峰來看望女兒時，提起當時熱切希望能多與同學聊聊卻每每被拒絕的無奈，詢問他是否看到過這封信。童宇峰回憶，「誰都沒看到。」他之後向張利求證，回答是「他說沒看到，應該是直接被薛鋼交給系裡了」。

§

原本已經在公共輿論場被逐漸淡忘的朱令事件，在一九九七年五、六月間突然再次成為熱點。起因竟是另一起悲劇。

此時的陳震陽退休已兩年，之前曾找過他瞭解關於朱令中毒情況的民警李樹森突然再次到訪，希望他能「幫忙做一次檢測，確認北大的一名學生是不是鉈中毒」。一問之下才知道，在朱令這起中國首例高校學生鉈中毒案件後，北大又發生了學生鉈中毒事件。

朱明新和吳承之記得，一九九七年六月八日，一對中年夫婦到方莊的家裡探望朱令，自我介紹是大連理工大學實驗處處長陸尚漠和大連機車廠職工劉英梅。原來，他們的兒子陸晨光是北大化學系九四級學生，當時正在三〇一醫院住院。一個月前的五月十日，是兒子報名托福考試的日子，在那之前的前一週喝了平時每天喝的奶粉後，陸晨光一直覺得非常不舒服，但仍然強忍著參加了考試。陳震陽回憶，他是在五月十八日下午趕到三〇一醫院參加會診的，第一印象是他「疼的不得了，在床上打滾」。當天傍晚五點半，樣本的檢測結果就出來了，「鉈含量非常高，那就照我們老方子治。」陳震陽指的是普魯士藍。

後來才知道，這次中毒的除了陸晨光，還有同班的另一名男生江林，當時收治在中日友好醫院。十九日，陳震陽再次檢測了江林的樣本，同樣是鉈中毒。陳震陽回憶，他對於這起案件的參與就到此為止，李樹森並沒有透露更多案情資訊。但他能夠確定的，是這起投毒案發現迅速，對症治療很快，警方介入也很及時。「很快，中毒以後沒幾天就發病了，就找我，就用普魯士藍治，兩個人很快就好了。」

根據後來媒體的報導，五月十七日，兩名感到不適的受害男生分別前往醫院就診。其中，陪同江林的還有同學王曉龍，他主動告訴醫生，江林服過鉈鹽，應該使用普魯士藍解毒，就不會有生命危險。因為醫生們都對朱令事件有所耳聞，對王曉龍的表現起疑，便立即通知醫院保衛部門扣住了他並通知北大保衛處。之後，北大方面把人領了回去，同時向警方報案。第二天，十四處的員警從北大帶走了王曉龍。在審訊的過程中，一開始他並不承認。直至十八日下午鬆口承認是自己對陸晨光和江林投毒，使用的毒物是來自北大化學系實驗室的六百毫克德國進口硫酸亞鉈（朱令體內鉈毒則至少達到一千毫克）。因為平時有機會幫助指導老師林建華做實驗，林老師取藥的鑰匙他也可使用，所以能夠輕鬆接觸到毒物。

這起案件的偵破也因為王曉龍的自首和清晰詳細的交代迎刃而解。在庭審供述中，王曉龍描述，他對陸晨光和江林的投毒過程不同。目標是江林，兩人同班不同宿舍，而和陸晨光則是同宿舍不同班。加害江林的原因是「過去江林與他關係好，後來卻不理他了」。針對江林，他一共投毒了三次，分別是在一九九七年四月三十日早上、五月十日上午和五月十五日上午，方法都是把碾磨成粉末的硫酸亞鉈鹽偷偷放入水杯裡。

令人齒冷的是，在四月三十日第一次投毒的時候，王曉龍為了「試驗劑量」，就把同宿舍、每天有沖泡奶粉習慣、奶粉就放在桌面的陸晨光當成了「小白鼠」，「把更大劑量的硫酸亞鉈粉末放到了這袋只剩下四分之一的奶粉裡」。

有了確切證言，警方的破案幾乎沒有障礙，經過封存物品和取證，在江林的杯子中檢測到了鉈元素。兩個受害者脫險，投毒者也受到了法律的制裁。陳東記得，前來看望朱令的陸晨光父母表達了一種感同身受的感恩之情，「要沒有令令這個例子，那個孩子也完了。因為有令令的前車之鑒，他就救過來了。」

朱令、陸晨光和江林的遭遇終於也引起了管理部門的重視，從個案變化為了制度貢獻。一九九七年七月二十八日，國家教委辦公廳下發《關於加強學校實驗室化學危險品管理工作的通知》（教備廳[1997]13號，全文附於本章附錄），提及「一九九五年五月和一九九七年五月清華大學、北京大學先後發生了兩起學生鉈鹽中毒案件。除涉嫌人為做案外，鉈鹽未按劇毒品管理是其重要原因。『明確要求』各級教育行政部門、各學校對此予以高度重視，按規定加強對實驗室使用化學危險品的管理」。

中國人素來擅長揣測字裡行間的弦外之音，官樣文章的平淡語句之後，往往有著極大的信息量。後來仔細閱讀和揣摩這個文檔的吳承之意識到了背後的玄機——這是對北大和清華兩起中毒案官方定性。「一個，事件是人為投毒。中毒是因為投毒，投毒人也很清楚。第二，毒源哪來的，是兩個大學的實驗室出來的。所以說對毒品的管理不善是重要原因。」

吳承之隨即判斷，公安對於犯罪嫌疑人應該已經有了明確結論。「北京公安局沒有定下這個性的話，教委文檔不會出這麼幾個字。我的理解，政府在這個文檔裡確定了，北大投毒的是誰，清華是誰。它只不過沒有點名。」

§

北大投毒案再次使得朱令的遭遇回到了公眾視野之中。六月十日晚上，陳東敲響了薛芳渝的家門，表示北大化學系學生用鉈鹽投毒案已破，希望清華能夠積極一些。薛芳渝的回應則是，「學校不能對孫維做工作，學校不回答是讓朱令的事冷一冷。」這次見面中，薛芳渝提到了一個此前朱令家不知道的資訊：「公安局曾審訊了孫維好幾個小時，希望得到突破，但孫維死不承認。」

後來朱令家才知道，或許是在全家密集寫信反映情況的攻勢之下，一九九七年四月二日，孫維被北京市公安局十四處帶走調查。根據孫維後來發表的聲明，公安局十四處以「簡單瞭解情況，只是換個地方」為由，將她從實驗室帶走訊問，並要求她在印有「犯罪嫌疑人」字樣的紙上簽名。

關於這次訊問公安究竟問了些什麼、孫維答了什麼、沒有答什麼，至今是一個謎。

在〇五年的天涯聲明中，涉及訊問內容，孫維只提到「公安問到我的家庭成員，我只說了父、母、哥哥，再問其他人時，我只說爺爺奶奶已經去世，連名字都沒提」，意圖表示自己位高權重的祖父完全沒有干預案件，更不會使得司法包庇她。

除此之外，人們只知道，這是一次長達八個小時的連續突擊審訊。之後，孫維的家人就將她從公安局領回了。

從一九九五年五月朱令家報案，一九九五年年末北京市公安局確定孫維是朱令身邊「唯一可能接觸到鉈的人」，辦案民警信心滿滿地承諾「正在短兵相接」，「窗戶紙一捅就破了」，為什麼對於孫維的訊問會一直拖到一九九七年春天才進行呢？這背後有著什麼樣的角力和博弈，在歷來以難窺其內的黑盒子面目呈現於世人的中國政治和司法版圖中，自然難以、或許永遠也無法清晰判斷，但查詢這段時間中國刑法的變化進程，或許依舊可以管中窺豹。

一九九六年，中國《刑事訴訟法》做出修改，在第一百六十二條中第一次規定了「疑罪從無」條款：「證據不足，不能認定被告人有罪的，應當做出證據不足、指控的犯罪不能成立的無罪判決。」第十二條明確：「未經人民法院依法判決，對任何人都不得確定有罪。」相關的修訂從一九九七年一月起開始實施。

由於朱令的物品兩次離奇被盜，尤其是第二次在公安已經封存後仍然丟失，朱令中毒案的所有實物證據已經全部滅失。「無罪推定的話，犯罪嫌疑人自己（已認罪）的口供要是翻掉，你沒有實物，或者說沒有其他的證據也沒有辦法，」吳承之說。

也是在一九九六年、一九九七年間，孫維和她的哥哥相繼改了名字。從此，「孫維」變成了「孫釋顏」。

附錄

國家教委辦公廳關於加強學校實驗室化學危險品管理工作的通知（教備廳[1997]13號）

各省、自治區、直轄市教委，高教、教育廳，廣東省高教局，委屬各高校：

一九九五年五月，一九九七年五月，清華大學、北京大學先後發生了兩起學生鉈鹽中毒案件。除涉嫌人為做案外，鉈鹽未按劇毒品管理是其重要原因。對學校實驗室化學危險品的管理工作，我委曾多次發文要求各級教育行政部門、各學校對此予以高度重視，按規定加強對實驗室使用化學危險品的管理。我委再次重申如下規定：

一、各級各類學校對易燃、易爆、劇毒、放射性及其他危險物品，須明確一個部門歸口統一管理並選配責任心強、工作認真並具有業務能力的專人負責此項工作。

二、對劇毒和放射性物品的出入庫必須精確計量和記載，嚴加保管。

三、危險物品的購買、領用必須有專人審批，限量發放。對其領、用、剩、廢、耗的數量必須詳細記錄，用剩數量及時退庫，任何人不得將此類物品帶出實驗室。

四、中小學（含職業學校）一般不得購買劇毒藥品，因實驗所需必須購買的需經學校主管部門嚴格審批，並按以上程式嚴格管理。

五、要嚴格執行國務院發布的《化學危險品安全管理條例》，學校要經常對師生施以安全方面的教育，切實保障人身和財產安全。

請各級教育行政主管部門結合目前正在開展的高等學校基礎課教學實驗室評估工作和中小學普及實驗教學工作，強化對化學危險品的管理工作，加強領導，落實責任制度。同時再次對實驗室安全設施進行全面檢查，加強安全教育，消除事故隱患。

現將中華人民共和國公共行業標準（GA57—93《劇毒物品分級、分類與品名編號》和GA58—93《劇毒物品品名表》）（見附件，公安部一九九三年八月發布）轉發給你們。對該標準所列劇毒物品，各級各類學校要嚴格按照劇毒物品管理規定，制定實施細則，嚴格管理。

附件：中華人民共和國公共行業標準（GA57—93《劇毒物品分級分類與品名編號》和GA58—93《劇毒物品品名表》）

一九九七年七月二十八日

第十章

「孫維是壞人，但不是罪犯」

一九九七年下半年到二〇一三年

從一九九七年夏天九二級本科生的畢業季起，「阻止孫維出國」就成為了朱令家、一波又一波關心朱令的網友乃至遍及全球的熱心人不斷接力的事業，這種努力甚至一直延續到了今天。

一九九七年六月二十六日，清華大學黨委副書記張再興和各部門行政領導再次會見朱令父母和舅舅，談及家屬希望阻止孫維出國卻表現得很為難。「學校希望家長理解，在這種情況下學校能做哪些事情。不可能採取不正常手段，確實沒有辦法限制孫維出國，因為超過法律許可權。」

與此同時，朱令家聽說，孫維在嘗試辦護照，希望畢業出國，但「沒能拿到，天天去（公安局）十四處鬧」。心焦的朱令父母連忙給李樹森打電話，得到的答覆是「據我們瞭解孫維沒有護照，現在走不了」。

在貝志城他們為朱令上網求助時，人在華盛頓工作的前任美國駐華使館醫官奧迪斯多年來一直積極參與各種幫助朱令的努力。此時他已經再次回到北京，開始第二段駐華使館任期。多年之後，他在郵件中告訴我，孫維曾經數次申請赴美簽證，而對於案件十分熟悉的他本人曾阻止了其中至少一次。

吳承之也記得曾經接到過美國大使館的一次電話，來電的是一位名叫大衛的外交官，中文講得很不錯。「他問是否知道孫維的情況，並詢問關於朱令的案子，我就跟他介紹了一下。他說孫維想到美國去，在廣州申請簽證。」吳承之分析，「這個意思一聽就明白了，各地都堵她。」

在此後的二十年裡，孫維究竟最終是否成功出國，網路上一直眾說紛紜。有人說她後來嫁給了一名美國公民，並成功移民。但更可靠的資訊是她始終生活在北京，丈夫是北京四中和清華大學的多年同學謝飛宇，並曾進入諾基亞公司供職。

除了護照，一九九七年的畢業季，孫維同樣沒能拿到的，還有學位證和畢業證。她的聲明裡描述，六月三十日畢業典禮之前，化學系領導通知她，由於被公安調查，學校不能給她發放畢業證書，並在與其家人的談話中表達了「學校通過官方管道接到公安通知緩發畢業證書和學位證書」。孫維說，其家人立即前往公安局十四處，得到的答覆卻是：「警方只管破案，學籍管理是學校自己的事兒和公安沒關係。公安局從來沒有也不可能向學校發這樣的通知。」

於是，在孫維家人一再要求下，八月下旬，他們受到了校方的接待，但清華不認為處理有錯。在繼續多次致電黨委領導之後，九月

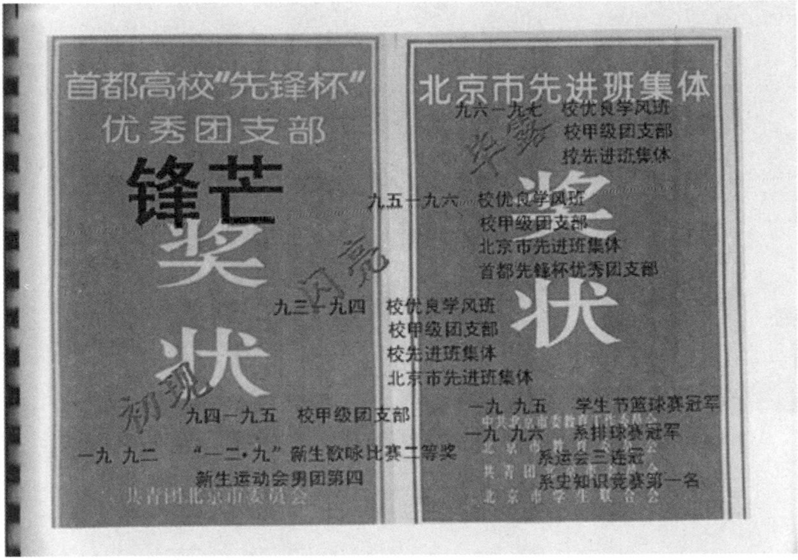

物化二班畢業留念冊中的一頁（童宇峰提供）

末，孫維接到通知：第二天可以去學校領取證書。

一方面看著女兒身體狀況毫無好轉，醫療費又沒有著落，另一方面她的同學就要畢業，兇手很可能邁出國門逍遙法外，朱明新和吳承之心焦如焚。但是一九九七年六月底還是來到了，九二級畢業了。在全班同學的畢業留念冊裡，這個以「在乎集體榮譽」而著稱的班級選擇了「首都高校先鋒杯優秀團支部」和「北京市先進班集體」的獎狀複印圖印成專門的一頁，上面還點綴著大學五年從「初現」到「閃亮」再到「畢露」所斬獲的，諸如「甲級團支部」、「優良學風班」之類的榮譽。令人唏噓的是，其中的「一二・九新生歌詠比賽二等獎」凝聚著朱令籌備組織的努力和心血。而她，卻再也無法親身感受這份學成載譽離校的喜悅了。

§

朱令家與清華的拉鋸仍在繼續。女兒每個月的醫療費至少六、七千，儘管生活支出竭盡全力節衣縮食，此時朱明新吳承之也已經是捉襟見肘。解決全家的燃眉之急成了擺在這對素來不願意與人衝突爭執的知識分子面前不能不打的一場硬仗。

夫婦倆只好致函時任清華校長王大中，懇請校方先行支付朱令的治療護理費，用以維持康復治療。但校長祕書拒絕簽字接收，送信無功而返。

朱明新吳承之只好再選擇以掛號信的方式致函時任清華黨委書記張再興，這封信中讀得出他們的無奈和無助，令人動容。

尊敬的張再興書記：

您好！

非常感謝您在六月底召見了我及朱令的父親和舅舅，通過和您談話我們瞭解到：學校高度重視朱令的事，校內十次會議討論。九次找上級領導，有九次報告……朱令的事對學校來說也是大事，學校和家長一致。學校願意協助家長做能做的事。願意協助家長把問題解決……張書記的話再次給我們以安慰。在此，我再次對學校方面為朱令令所做的努力表示誠摯的感謝。

本著張書記說：「相互理解，實事求是」的精神。我耐心期待學校給我一個交代。我面對的事實是：依靠朋友捐助，得過且過，熬著這痛苦的日子，時至今日仍不知所云。朱令被毀，也毀了她的父母，毀了他們的事業。如果能以此，甚至我的生命換取令令的青春和健康，我會毫不猶豫，在所不惜。

朱令是清華大學的學生，她引以為自豪，時時想到維護學校的聲譽。可現在，尊敬的張書記，您能告訴我，應該怎麼做呢？怎樣做才是「相互理解」了呢？

盼覆。

此致

敬禮！

朱令的母親朱明新

一九九七年九月三日

這之後，清華依然沒有回音，漫長的拉鋸一直持續到了第二年的秋天。

一九九八年九月二十二日，清華大學黨委書記張再興突然出面，聯繫朱令家屬開會見面，吳承之與舅舅朱明光出席。會上，張再興表態，「學校決定一次性解決，給二十萬補助。」朱明新記得，清華還專門說了一句，「我們對朱令是特殊的照顧。」但同時強調一次性補助和司法程序相矛盾，不能一併進行。朱明光回憶，其中的言下之意很清楚，「不是因為他們的責任，而是一種道義上的選擇。問接受不接受，接受的話就簽一個協議，這事兒就算了了，清華就以後都不管了。如果要告清華的話那就告吧，我們準備應訴。」

事實上，當時很多律師和朋友都建議朱令家起訴清華，甚至連前清華派出所所長李慕成在和陳東通電話的時候也暗示，清華沒有及時報案才造成現場被破壞無法取證破案，應該狀告清華。但朱明光覺得這並不現實。相比協和，狀告清華的取證實際困難要更大，「起訴是誰主張誰舉證，難度非常大，我們哪兒能舉出來那麼多證據啊！」最終，事情的結果是，朱令家屬們決定接受清華提出的方案，「商量商量就接受這個就算完了」。

多年後回憶這個過程，朱明光和陳東夫婦依然感慨。他們說姊姊朱明新狀告協和的時候，家裡人抱著希望，協和能夠把清華「咬出來」，因為協和起初沒能往鉈中毒的正確診斷方向努力的原因就在於清華堅持朱令沒有接觸史。

「但是他們特油，」陳東感嘆。

「他們相互兜著，」朱明光說。

陳東嘆了一口氣，「實際上這個事清華有很大的責任。一直到現在也是這樣，出了事先捂，這是『傳統』。」

§

事實上，清華最終的「讓步」——道義姿態一次性補償二十萬的背後，還有著驚心動魄的博弈。

在一九九六年被「點撥」猛然醒悟必須找關係的朱明新和吳承之，開始了他們前半生無法想像的如同上訪般孤注一擲的艱難歷程。朱令的外公朱啟明在八〇年代曾任職北京市高級人民法院顧問，一九八三年離休。如今外孫女蒙此大難，一家人幾乎動用了這個本來本分的老式知識分子家庭所能想到、所能動用的一切社會關係。吳承之回憶，兩年間，除了致信公安局局長張良基，他們還曾寫信給前任最高法院院長鄭天翔，並數次嘗試通過中間人致信時任中共中央總書記江澤民。「寫完信以後也沒什麼結果，中間發生什麼我們也不知道，」吳承之曾回憶。

數十年來，在規則不明晰的人情社會中，一代又一代人，遇到林林總總大小麻煩的第一反應始終是，也只能是——「找關係」。處於社會食物鏈上端的菁英階層和在絕望、打擊與毀滅中不斷上訪伸冤、直至走投無路家破人亡的底層民眾，共同詮釋了一幅眾生螻蟻、弱肉強食的叢林法則長卷。其中折射的，是整個社會普遍缺乏安全感，人們對於司法和行政系統本能和深刻的不信任。

在這段時間，陳東記得，李慕成曾暗示她，「孫家和你們家層層上找，現在僵住了。」朱明新把這句話在大事紀裡記錄下來，加了個括弧，「意思是後臺都夠硬的。」也是此時，朱令家意識到，案件遠遠不像開始想像的那麼簡單，用吳承之多年後的感慨來概括，「你想想這裡面的水有多深吧？」

孫維在後來的天涯聲明中專門用了一個章節的篇幅反駁「所謂領導人和公安對我的包庇」。其中提到「眼看大家要各奔東西，朱令家人非常著急。後來我得知，九七年三月二十五日，朱令家屬致信北京市公安局長，指出學生即將離校，其中很多人將出國留學，此案繼續抓緊偵破，不能放走兇手；九七年五月又上書國家領導人。」

如果說在這之前吳承之和朱明新對於孫維的懷疑，還僅僅源自於警方提供的資訊——她是唯一能接觸鉈的學生，那麼到了這一刻，他們的感覺便是驚駭和確信無疑了。「她知道我們三月二十五日給張良基寫信，內容跟我們的內容完全一樣。如果沒有看到原信，不會那麼確切地知道時間、內容，」吳承之說。

到了這一步，一起原本事實簡單線索清晰的刑事案件從起初協和、清華這幾家國字號大機構的信息遮蓋、傲慢冷酷、粉飾太平，進階到了政治權力與派系的暗黑角力。一個花季女孩的生命和尊嚴，一個家庭的幸福和安寧，一個國家司法制度的透明與公義，一起在這不可言說的重重黑霧之中被踐踏得氣息奄奄。

後來吳承之得知，一九九七年十月二十三日，時任北京市委政法委書記的強衛召開北京市高級人民法院、市檢察院、市公安局的「三長會議」。也就是說，都是正局級一把手參加的規格，討論朱令案件。他把這次超乎尋常的會議目的形容為「兩邊都有『中央領導批示』，要權衡怎麼辦」。

朱令外公朱啟明一位原在法院系統的老戰友後來告知朱家，會議的結論是：證據不足，難度大，此案關乎社會穩定，需妥善處理。「最終處理意見就是，嫌疑人帽子不能摘，不能出國，但是也不能抓，」吳承之回憶。

原本博弈看似至此暫時塵埃落定，但這「不摘嫌疑人帽子、不允許出國」的處理方案孫維顯然並不能接受。根據她的聲明，一九九八年一月分，孫家開始「向高層領導寫信反映情況」。於是，案件辦理情況被逐級上報中央，更加激烈的博弈開始無聲地進行。

所有關心朱令的人都在這個過程中感受到了自己力量的渺小和無力感的強烈。吳承之記得很快聽說了「中央有關領導要求盡快結辦此案」的消息。此時的他已經不再像之前聽說案件提升成「局長專案」時那樣盲目樂觀了，他隱約明白，這不是一個好消息。到一九九八年七月十八日，前最高法院院長鄭天翔給朱令的外公寫了回信，坦陳對於朱令父母和外公外婆的心情「感同身受，只是無能為力」。吳承之意識到這裡面的委婉信息，「很明白了，就說這個事情沒辦法了。他都沒辦法，就叫爺爺注意身體。到了這種程度了，你想想看。」

一九九八年七月，就在吳承之和朱明新忙於在醫院陪護病情時不時出現反覆的女兒時，舅舅朱明光家迎來了不速之客——兩個十四處的公安民警。來意是向朱令家屬告知上級已有指示、將不得不放嫌疑人出國的消息。朱明光記得，民警還專門強調「這不是結案，以後如果有了新的情況和證據還會繼續偵破」。

所有的預感都在一九九八年八月成真。在後來公安局回覆政協委員的提案答覆中，如此描述當時的處理結果：「經過中央領導批示，經過北京政法委強衛同志批准，北京市公安局文保處結辦此案。」其中還有一句話相當耐人尋味，「根據中央領導同志批示，妥善處理，做好雙方家屬工作。」吳承之苦笑，「他們那邊鬧得更厲害。」

緊接著，就是通知家屬結果。吳承之記得，那天是八月二十五日，北京市公安局的李志勇、李鐵林兩個處長、隊長王寶林以及李樹森和其他民警一起出面會見朱令家屬。談話中表達了幾點意思，首先，「事情牽扯中央領導，中央多次指示。」其次，公安機關做了大量調查，也幾經修改偵查計畫。還訪問過朱令的大中學同學和老師，其中物化二班十多個女同學都曾進行訪問。但最關鍵的現場痕跡已消除，未有發現可疑物證。最後，孫維是嫌疑人，自一九九七年六月畢業時起限制出國。但由於沒有確鑿的、直接的定罪證據，現在將要解除對其出國的限制。

這次談話，公安方面的態度頗為懇切，甚至罕有地表達了「十四處雖然努力做了大量工作，但不大理想，非常內疚」的肺腑之言。吳承之的直接感受是，公安內部並不是鐵板一塊，義憤和同情溢於言表。「孫維是壞人，但不是罪犯」，吳承之記得一位公安這麼對他無奈解釋關鍵證據缺失的影響，還舉例了另一起殺人案件的偵破，「知道誰敲他的，可是這個（兇器）榔頭沒找著，所以定不下來，哪怕他們知道就是這個人。」

也就是這次談話進行到頗有些推心置腹的程度時，提到被要求放孫維出國時公安面對的壓力，現場一位民警告訴吳承之，「局長曾大發雷霆說：『放他媽什麼放，打死了裝在麻袋裡放出去』。」吳承之感慨萬千，後來他把這句頗為真性情的話告訴了前來探訪的李新後，這句話被放上互聯網，成為了圍繞朱令案背後神祕權力角力的一句標誌性語錄。

而對於朱令家，除了案情的「結辦」，便是博弈後的「安撫」——一次性的經濟補償方案。「給我們四十萬，清華出二十萬，北京市政府出二十萬。」而這四十萬也經過了一個多月才最終落實，原因依然在清華，「本來這個四十萬完全要清華出的，清華不拿，由此拖了一個多月，所以最後教委從外面找了一半。到了十月分市教委的書記才找我們，說最後事情落實了。」

而另一邊廂，公安通知孫家，嫌疑解除，孫維可以出國了。

§

也是在一九九八年八月，由於美國駐華使館醫官奧迪斯醫生轉達描述朱令遭遇的信件給時任美國總統柯林頓，朱明新和吳承之收到了一封來自白宮、附有總統親筆簽名的信件。信中表達了對於許多熱心美國人利用互聯網幫助朱令、並成功挽救她生命的欣慰，並代表第一夫人希拉蕊給朱令全家送上了祝福。吳承之後來把這樣的影響力形容為「美方已經捅到頭了，中方也捅到頭了」。其時他並不會想到，十五年後朱令案再次引發全社會關注時，網友們又會再次想到美國——向白宮請願，盼望跨國追凶，贏得正義。

事實上，儘管當時有關部門做出了買斷式的經濟補償，儘管朱令家和清華達成協議為朱令辦理了退學，但公安局從未明確通知過朱明新和吳承之案子已經結案。夫婦倆此後的二十年從未放棄過希望和努力。

二〇〇七年，吳承之所在的地震局前局長、時任全國政協委員陳章立與另外二十餘名政協委員遞交聯名提案，重提朱令案件，要求資訊公開。

政協隨後轉交公安部處理。最終，在公安部給政協委員的復函（見本章二二五至二二六頁）中稱，「一九九七年十月二十三日北京市委政法委曾召開北京市高級人民法院、市檢察院、市公安局『三長會議』，會議認為，鑒於直接證據不足，案件繼續偵查難度大。」吳承之和朱明新到這個時候才知道，警方對政協委員的說法是，已經結案了。

在吳承之看來，這份文檔的行文頗為怪異，事件的一切時間點都描述得極為細緻。並幾乎毫不隱晦地告知「市公安局將此案辦理情況逐級上報中央領導同志」，最終「經

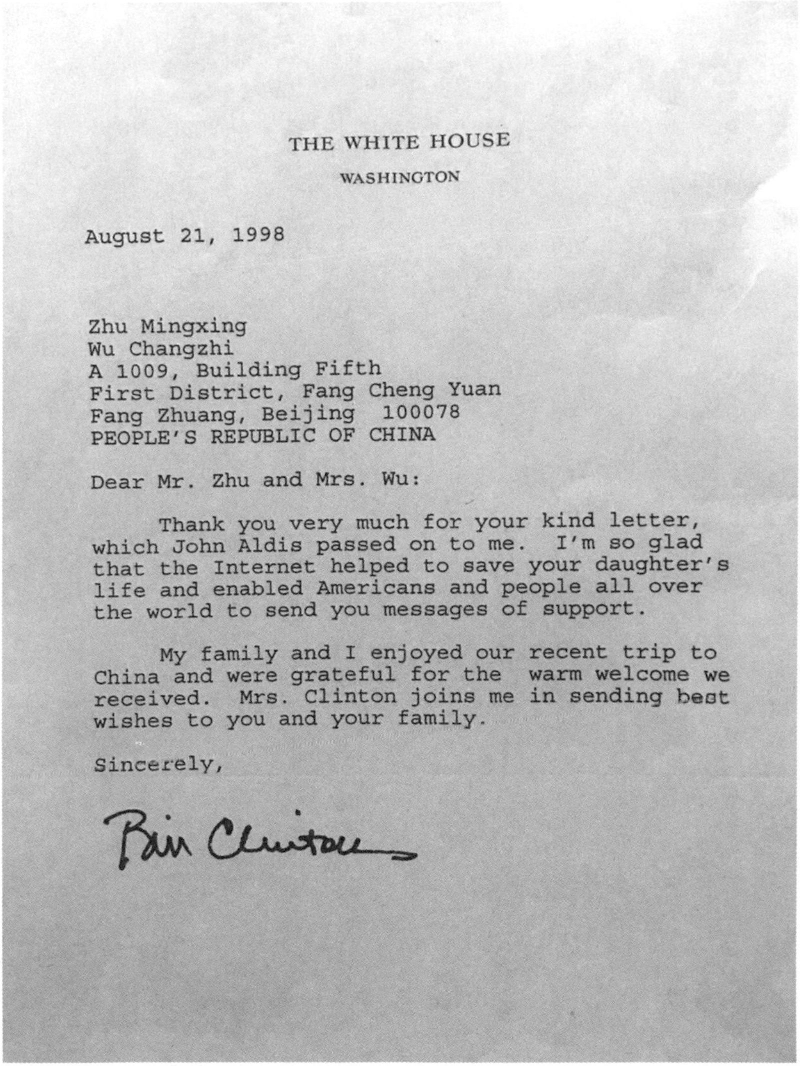
THE WHITE HOUSE

WASHINGTON

August 21, 1998

Zhu Mingxing
Wu Changzhi
A 1009, Building Fifth
First District, Fang Cheng Yuan
Fang Zhuang, Beijing 100078
PEOPLE'S REPUBLIC OF CHINA

Dear Mr. Zhu and Mrs. Wu:

Thank you very much for your kind letter, which John Aldis passed on to me. I'm so glad that the Internet helped to save your daughter's life and enabled Americans and people all over the world to send you messages of support.

My family and I enjoyed our recent trip to China and were grateful for the warm welcome we received. Mrs. Clinton joins me in sending best wishes to you and your family.

Sincerely,

Bill Clinton

白宮來信，上面有當時美國總統柯林頓的簽名。（朱明新、吳承之提供）

中央領導同志批示」，結辦此案。在觀察、揣測中國政治幾十年之後，吳承之笑言，文件的言下之意就是，「日期時間地點人物都寫得清清楚楚，這件事情交代給你這麼定了，你們也不要再折騰了。」

但吳承之和朱明新並沒有放棄。二〇〇八年五月，《中華人民共和國政府信息公開條例》開始實行，他們又向北京市公安局和市委法制辦要求公開朱令案件的相關資訊並進行行政覆議，想法是「如果案子結辦了，按說應該公開信息，我們就想看一看，嫌疑人到底是誰？公安局在偵查時做了哪些工作？哪些證據是不足的？信息向我們公開，就能解開這些問題了」。

吳承之記得，資訊公開的條例一執行，夫婦倆就去了，「搶到了〇二號。」但北京市公安局最終只是回覆了一份「政府信息不予公開告知書」，理由是「法律、法規及相關規定不予公開的其他情形」。兩人不服，又向北京市政府提了行政覆議。二〇〇九年三月，北京市政府駁斥了市公安局不告知書，兩人於是要求市公安局依據這一文書履行資訊公開。二〇〇九年三月二十六日北京市公安局接待處接待了吳承之，但一趟趟跑腿得到的答覆只是「需要向有關部門請示，需要報批」。最終，始終沒有明確答覆。用媒體報導中的表述形容，「朱令家於是陷入了一場文書遊戲中，既沒有被拒絕『告知』情

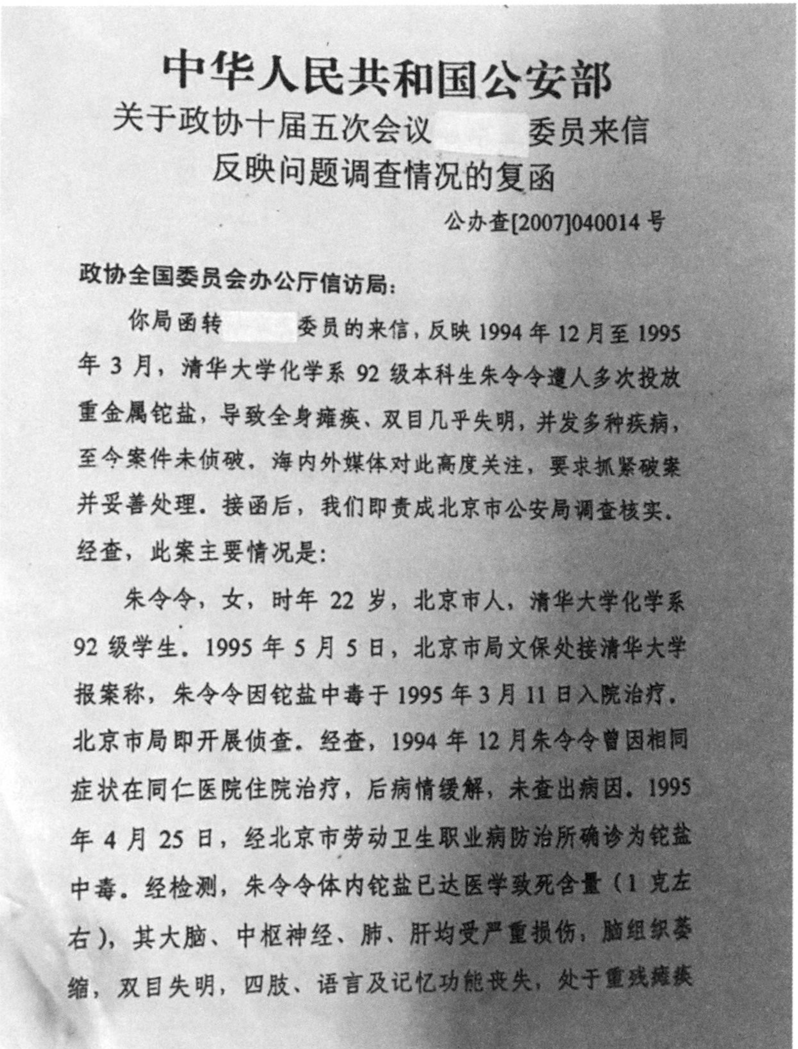

中华人民共和国公安部

关于政协十届五次会议[redacted]委员来信
反映问题调查情况的复函

公办查[2007]040014 号

政协全国委员会办公厅信访局：

你局函转[redacted]委员的来信，反映 1994 年 12 月至 1995 年 3 月，清华大学化学系 92 级本科生朱令令遭人多次投放重金属铊盐，导致全身瘫痪、双目几乎失明，并发多种疾病，至今案件未侦破．海内外媒体对此高度关注，要求抓紧破案并妥善处理．接函后，我们即责成北京市公安局调查核实．经查，此案主要情况是：

朱令令，女，时年 22 岁，北京市人，清华大学化学系 92 级学生．1995 年 5 月 5 日，北京市局文保处接清华大学报案称，朱令令因铊盐中毒于 1995 年 3 月 11 日入院治疗．北京市局即开展侦查．经查，1994 年 12 月朱令令曾因相同症状在同仁医院住院治疗，后病情缓解，未查出病因．1995 年 4 月 25 日，经北京市劳动卫生职业病防治所确诊为铊盐中毒．经检测，朱令令体内铊盐已达医学致死含量（1 克左右），其大脑、中枢神经、肺、肝均受严重损伤，脑组织萎缩，双目失明，四肢、语言及记忆功能丧失，处于重残瘫痪

公安部對政協委員的提案答覆，第一頁。（朱明新、吳承之提供）

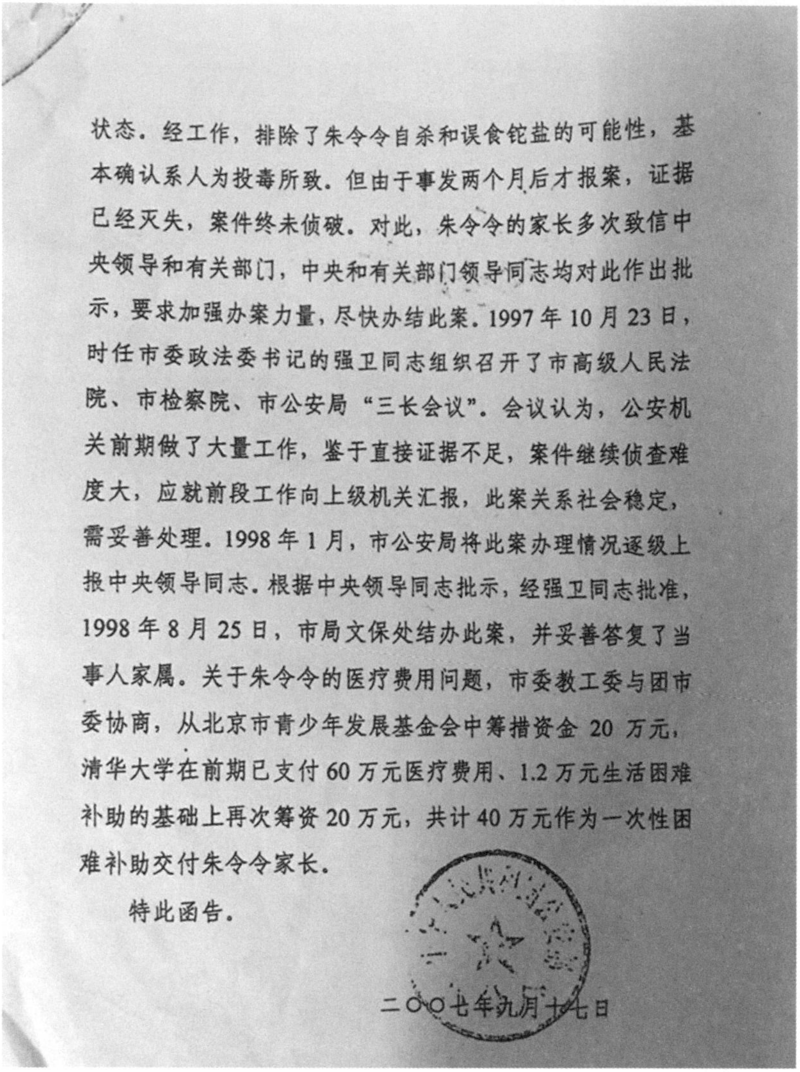

状态。经工作，排除了朱令令自杀和误食铊盐的可能性，基本确认系人为投毒所致。但由于事发两个月后才报案，证据已经灭失，案件终未侦破。对此，朱令令的家长多次致信中央领导和有关部门，中央和有关部门领导同志均对此作出批示，要求加强办案力量，尽快办结此案。1997 年 10 月 23 日，时任市委政法委书记的强卫同志组织召开了市高级人民法院、市检察院、市公安局“三长会议”。会议认为，公安机关前期做了大量工作，鉴于直接证据不足，案件继续侦查难度大，应就前段工作向上级机关汇报，此案关系社会稳定，需妥善处理。1998 年 1 月，市公安局将此案办理情况逐级上报中央领导同志。根据中央领导同志批示，经强卫同志批准，1998 年 8 月 25 日，市局文保处结办此案，并妥善答复了当事人家属。关于朱令令的医疗费用问题，市委教工委与团市委协商，从北京市青少年发展基金会中筹措资金 20 万元，清华大学在前期已支付 60 万元医疗费用、1.2 万元生活困难补助的基础上再次筹资 20 万元，共计 40 万元作为一次性困难补助交付朱令令家长。

特此函告。

二〇〇七年九月十七日

公安部對政協委員的提案答覆，第二頁。（朱明新、吳承之提供）

況，也沒有被提供任何資訊。」

這一拖就到了二〇一一年，吳承之在媒體上看到說可以在網上查到公安局辦案情況，就又寫信給公安部。這一年的九月十五日，公安部回覆了一份帶有公章的批覆，除了表示同情，就是表示需要上報有關機關批覆。並說，北京市公安局在二〇〇九年三月向有關部門請示的做法符合《中華人民共和國信息公開條例》第十四條第三款規定。

二〇一二年四月，吳承之又兩次去信公安部，依然沒有下文。

直到二〇一三年四月，復旦大學黃洋投毒案再次使得朱令案成為巨大的輿論熱點。這一次發生在醫學專業，黃洋和林森浩同為復旦大學上海醫學院二〇一〇級的研究生。根據起訴書，住同寢室的林森浩與黃洋因瑣事發生矛盾，林森浩於二〇一三年三月三十一日從復旦大學附屬中山醫院實驗室取得劇毒化學品N—二甲基亞硝胺（N-Nitrosodimethylamine）原液，並隨後投放到了寢室的飲水機內，黃洋翌日（四月一日）飲用後感覺不適遂前往中山醫院就診。由於病因不明，雖經醫院全力搶救，但黃洋病情卻持續惡化，最終於四月十六日下午十五時二十三分搶救無效去世。二〇一四年二月十八日，上海市第二中級人民法院以故意殺人罪判處林森浩死刑。之後林森浩上訴。二〇一五年一月八日，上海市高級人民法院做出二審裁定，維持原判。二〇一五年十二月八日，最高人民法院核准林森浩死刑。二〇一五年十二月十一日，林森浩在上海被執行注射死刑。

案件引發極大社會影響，國家教育部辦公廳甚至在時隔十六年之後又發布了〈關於進一步加強高等學校實驗室危險化學品安全管理工作的通知〉。

復旦是我的母校，在看到各種校友同學群中關於案情的議論，我第一時間想到了朱令。又是名校高材生，又涉嫌室友投毒。不同的是，嫌疑人林森浩被迅速鎖定，並承認和交代了投毒事實。在黃洋離世兩年後，林森浩受到了法律的制裁。

黃洋案發生的二〇一三年，移動互聯網已經蓄勢待發，微博在中國正如日中天，「圍觀改變中國」成為公眾篤信不疑的樂觀信條。這起案件儘管比朱令中毒晚了十九年，卻引發了一場持續一個多月的蝴蝶效應，人們再次想起了朱令，想起了她的痛苦、她的不幸、她遭遇的不公，和她仍然頑強活著卻已判若兩人的生命。追尋和拷問真相成了人們自發加入的使命，無數媒體報導和網路討論裹挾輿論海嘯一波波襲來，審查者和維穩者都有些手忙腳亂——禁，引發更大憤怒，於是只得再放開。

隨著質疑司法不公、要求重啟調查的民意日漸洶湧到達頂點。五月八日，北京警方終於在官方微博發出了一個僅有六百零四個字，被媒體形容為「連溫情都不能提供」的回覆。稱由於「犯罪痕跡物證已經滅失，儘管辦案人員盡最大努力，採取了當時能夠使用的各種刑事偵查措施，仍未獲取認定犯罪嫌疑人的直接證據」，並聲稱「辦案過程未受到任何干擾」。顯然，這份官方答覆依然回避著公眾的疑點，卻希望「社會公眾能夠理性客觀看待，尊重偵查工作規律，理解支持公安機關依法辦案」。

【尾聲】

網路圍觀改變了什麼？

二〇〇一年之後，由於住院成本高昂，迫於壓力，朱明新和吳承之把女兒接回了家調養訓練。回了家，二十四小時護理就全靠兩位古稀老人了。但是老倆口把女兒照顧得很好，長時間臥床，連褥瘡都沒有得過一個。

這之前，朱令已經一次又一次挺過危機。有一次，因為二氧化碳滯留難以呼出，她出現呼吸中止。吳承之立即把女兒送到了附近的東方醫院。即使沒有呼吸，父母也不放棄希望，醫生受到感染，人工呼吸就堅持做了半個多小時。吳承之就在旁邊攥著拳頭給女兒打氣「吸氣！吸！」終於，奇蹟發生，女兒漸漸有了微弱的呼吸。

這之後，吳承之開始要求女兒鍛煉，增強體質。央視《東方時空》二〇〇六年播出的《朱令的十二年》節目編導朱甯前後花了一年多的時間採訪這個家庭，他印象最深刻的細節就是每天老倆口讓女兒起床鍛煉的艱辛過程。因為長期臥床，此時朱令的體重已經將近一百公斤，任何事情都需要兩位瘦弱的老人把不能自理的女兒「弄」起來完成。「只能說『弄』，怎麼『弄』呢？首先在床上把她抱住，朱令也抱住爸爸或媽媽，然後通過人站起來自身的力量把她拉起來。先從床上拉坐起來，再拉到地下，你想像一下這個情景，真是不容易。」朱寧感慨。

客廳裡長期有一臺步行機器，十幾年如一日，朱令在上面周而復始地練習。練習坐，做上臂運動，再到腿，最後起身，練習站。對於朱令，這是一個痛苦的過程，她無法表達，但面部表情和肢體動作給很多看到的人留下的印象是她「非常害怕」，喉嚨裡會不由自主發出咿咿呀呀的嘶吼。直至二〇一七年我在小湯山目睹朱令的訓練，她看起來依然顯得驚恐畏懼，讓人不忍看下去。

但所有人也都知道，這是增強朱令體質、使她能盡可能長久活下去的最好辦法。父親規定女兒每次要站立足半個小時。完成這個任務，女兒總是會累得滿頭大汗，但一點點細小的進步都會使得老倆口欣慰不已——比如堅持的時間逐漸愈來愈長，比如練習完能拿杯子顫抖地晃悠地，喝上一口。

朱令的思維和記憶一直停留在中毒之前，對於以前的同學記得特別清楚，雖然視力已經幾乎喪失殆盡，但只是憑藉聽覺，她就能辨別並「哼出」同學的名字。那段日子裡，女兒的點滴好轉父母都記得。一次，吳承之隨口提了一句唐詩，昔日熟讀唐詩宋詞的女兒竟在輪椅上接出了下句，讓父親直呼「奇蹟」。朱明新曾感慨丈夫，「幸虧他比較樂觀，喜歡自我安慰，從來沒有放棄過。他相信女兒會一天一天變好。」

但事情並不總是如願。之前女兒住院治療，在專業的救護條件之下，恢復的速度很快。當時的吳承之夫婦充滿希望，期待一點點康復的奇蹟發生。回家照顧，堅持給女兒做了兩年鍛煉之後，朱令的肢體運動機能得到了一定恢復。但二〇〇五年，她又開始惡化，還出現了肺部水腫和呼吸衰竭。

本來滿懷希望的朱明新再度陷入失望的深淵，「鉈毒已經侵襲了她的每個器官，肺部、肝部都有問題，」她嘆息，「我甚至在想，她能不能活得比我長。」這對於父母的心理也是巨大的折磨，他們不再敢滿心期待，開始變得謹小慎微和脆弱易碎。朱甯形容，彼時朱令父母的狀態給他的印象，只能用「麻木」來形容，「而你又能充分理解這種麻木。」

§

央視的介入源於二〇〇五年歲末朱令突然再一次成為輿論焦點。此時距離她中毒已經整整十年，在當時最熱門的網路社區天涯論壇上，突然出現了一篇名為〈天妒紅顏——十年前的清華女生被毒事件〉的帖子，細緻講述了朱令的遭遇，並直接點出了嫌疑人孫維的名字，還說她已經順利到了美國。

身處美國的何清記得，當時她非常吃驚，因為外媒此前的報導並不充分，她印象中的資訊是互聯網會診挽救了朱令的生命，她已經醒來，這應該是一個Happy Ending的故事。「沒想到殘疾成這樣。而且兇手沒抓著，還來了美國。這事太過分了。」

因為網帖影響巨大，此前一直沒有公開發聲的孫維突然打破沉默，於二〇〇五年十二月三十日在同一論壇發表了一篇洋洋灑灑八千字的長帖文〈孫維的聲明——駁斥朱令鉈中毒案件引發的謠言〉，聲稱自己是無辜的，也是事件受害者，還辯白說宿舍幾人關係很好，自己也沒有受到任何庇護。

但是，正是這次聲明中孫維對於朱令家上書國家領導人的細節描述，使得吳承之和朱明新確認，她就是兇手。其中的邏輯很簡單，做為嫌疑人，她怎麼能獲知這些敏感且理應是機密的案件相關資訊的存在，並且對內容瞭若指掌呢？「以前我可能只是有點懷疑，她們同學之間怎麼能仇恨那麼大，那麼自私。但看到她的聲明之後，我就認定了，孫維是唯一的，就是她幹的。」

孫維的聲明還很快被網友爆出在正式發布前曾送給金亞、王琪、薛鋼、高菲、李含琳等人徵求意見，進行了修改。原稿也隨即被貼出。兩相對照，最明顯的改動就是關於她祖父孫越崎的描述。原稿中大段內容講述了其經歷，尤其是國共內戰時期率領國民政府資源委員會起義、文革期間被批鬥、以及「晚年在三峽論證中頂住巨大壓力，九十四歲高齡親自進行實地考察，堅決反對三峽工程」等等。或許擔心這樣頗有用力過猛之嫌的謳歌溢美之詞在一份這樣的聲明中會適得其反，這些段落在最終發表的版本中都消失了。

而更加詭異的是，此前面對朱令的遭遇始終表現冷淡的物化二班在孫維發帖之後，變得十分活躍和團結。聲明發出短短幾分鐘後，一些同學紛紛回帖，長篇累牘證明內容的真實性，並公開為孫維辯護，其中最為積極的就是王琪、金亞、薛鋼以及他的妻子李含琳。

然而事實證明，這種「集體人品背書」的網路辯護卻成為了一把雙刃劍。畢業已近十年、地處天南海北、平素很少發聲的同學們卻在短時間內齊聚天涯的現象引發了極大的公眾質疑。

二〇〇六年一月二十九日，一篇名為〈我們為孫維辯護的真相〉的帖子出現在網路上，聲稱在「孫維聲明」發布之前，孫維及其家人曾給一些同學發了一份「回帖綱要」，告知她即將發表聲明，「指點」同學們應該如何配合回帖。這份綱要的「總綱」是，須每天逐漸發帖，盡量不要互相呼應。細則還包括，「證實家庭廉潔，同時證明其人品；有顧慮的最好不用自己家的電腦ＩＰ；所有我們寫在網上的資訊朱令家人都會看到，所以不要給朱家提供額外的資訊」等等。她還專門強調：「如果有關鍵性的事實（和案件相關的）年久失修記不清了的千萬要先和我確認，如果記不清寧可不寫，但一定不能自相矛盾！千萬千萬！」

從這份綱要可以看出，孫維尤其在意的是關於她出身和背景的傳聞，希望同學們能強調，「其家庭根本不是大家想像中的『高幹家庭』，她生活樸實，上學從來都是騎自行車，學期開始和結束時也不例外。當時班上一些外地同學寒暑假都有家裡派小車接送，孫維卻從來都是大包小包自己馱。」

回帖綱要隨即引發軒然大波，網友們最直接的質疑是：為一個人的清白辯護，為什麼還需要用「回帖綱要」來指導？

團支書薛鋼後來在回帖中索性明白亮出支持孫維的立場：「我們的班級，我還是可以堅定地說，我們至今還是引以為榮。不是因為我是支書，不是因為所獲榮譽，而是因為我們一同走過難以磨滅的日子。今天，在論壇裡有我們現處世界各地的同學。我們堅定地在一起支持孫維的勇氣，支持讓會思考的人們能更多瞭解方方面面的事實……為什麼僅僅抱住個別的言論，而完全忽略這裡這麼多同樣是朱令和孫維同學的聲音呢？這也正是我誠懇地希望您能平靜地審視一下你自己，避免先入為主，偏聽偏信的原因。」

歷來叛逆的貝志城很快便引用在距離當時三年前（二〇〇二年）童宇峰發給他的郵件嘲諷了這種「集體榮譽感」：「物化二班在大學五年中拿了不少榮譽，至於是否名副其實，仁智共見。班裡的矛盾從一開始就是很大的。甚至到了畢業，可能還有一些矛盾沒有解開。種種矛盾只是被掩蓋在榮譽虛幻的光環下。而至於為何『大家』維護著這一個『榮譽集體』，我的一個同學說其實是因為這是那些幹部的榮譽。我的觀點是物化二班與其說是一個大學生的班集體還不如說是一個高中生的班集體。」

在孫維發布她的聲明，金亞薛鋼高菲等人發帖支持後，二〇〇六年一月三日，童宇峰在清華校友網的班級論壇上向這些同學發問：「我現在想問你們和孫維的是，你們，尤其是孫維本人，是不是真的希望北京市公安局重查此案並公布當年的卷宗？」並表達了「希望大家能共同努力，找到真凶，也替孫維洗刷嫌疑，同時物化二班也可以去一塊心病」的倡議。

但是他並沒有得到回應，相反，同學高菲表示希望大家「把你們關於朱令孫維一事的評價，隱去姓名貼上網」。二月二十三日，童宇峰在校友網上貼出了一份和律師協作起草的希望物化二班同學連署的公開信，呼籲大家協力「走司法途徑……請求公安機關重新偵查該案」。但據他回憶，推動連署過程並不順利，「遭到了金亞、薛鋼、潘峰等人各種阻擾。」最終未能在當年兩會[1]前呈給人大代表，連署不了了之。

童宇峰後來證實，網上公布的孫維與金亞、薛鋼等人這段時間的郵件以及回帖綱要是駭客入侵了支持孫維小團體成員的郵箱後獲取的。其中顯示，孫維要求這幾位支持者「不要回覆童宇峰的詢問，不要向他提供任何資訊」。原本一直覺得網路輿論對自己班集體的指責有失公允、不相信同學會是投毒兇手的童宇峰，想法就是在這個時候出現了轉變——對自己一些同學熱切維護孫維卻對朱令的遭遇如此冷漠感到齒冷：「難道朱令不是你們的同學嗎？」

除了他自己，童宇峰還記得，這些事件後有同學打電話給他表示了對於這個班級以及某些人的徹底失望。從那之後，物化二班日益分裂成了兩個陣營：同情朱令的，以及維護孫維的。而更多的人則始終諱莫如深，緘口不言，小心翼翼保護自己的生活，不希望被捲入任何跟朱令中毒有關的輿論漩渦。

§

在孫維二〇〇五年的天涯聲明之中，還著重駁斥了清華「實驗室管理非常嚴格」的說法，希望證明自己並非「唯一能夠接觸到鉈」的學生。在自我剖白之中，孫維反覆強調自己在實驗室使用的是「別人已經配好了放在桌上」的「鉈溶液」。並說自己從未在清華工作學習過的哥哥在一九九七年四月曾「獨自一人借了一部家用攝像機在白天工作時間到化學系實驗樓，先後進了幾個實驗室，並從其中一個實驗室的實驗臺上拿了一大瓶有骷髏標記的有毒試劑，舉在鏡頭前，把它帶出實驗樓，然後又送回原處，整個過程全部拍攝下來。在隨後的日子裡又重複了幾次，每次都無人過問」。

這段自我辯護之後十幾年裡在網路上引發了無數辯論。我採訪熟悉瞭解清華實驗室情況的物化二班同學時，他們提出了質疑：「二年級本科生剛開始下實驗室參與課題，所能做的，多是給教授和高年級學長們配配溶液這樣的雜事，」具體而言就是「秤點固體的鉈鹽，放在容量瓶裡，配成一定濃度的儲備液，稀釋到要用的工作濃度」。也就是說，做為李隆弟童愛周兩位教授課題組中唯一的一名本科生，依照慣例，孫維恰恰應是負責用固體鉈鹽配置溶液的那個人。

事實上，此前並未有過朱令究竟是被固體鉈鹽還是液態鉈溶液投毒的確切共識和結論。在採訪陳震陽時，聊起這一點，他的分析是，如同北大那樣使用固體鉈鹽粉末投毒和使用溶液投毒都不能排除。「配一次溶液需要稱百分含量，比如稱個一克，加一百毫升水，就是一％的溶液。一般都是配很濃的溶液，有時候配一〇％的。你要用多少，就去稀釋。」

陳震陽介紹，鉈中毒的攝入途徑主要有三種。第一是通過呼吸系統，在高溫或者密閉環境下通過鼻腔呼吸道吸入中毒；第二是通過體表接觸，被皮膚吸收中毒，比如洗髮水、沐浴露、隱形眼鏡液等等；第三是通過消化系統，也就是最直接、傷害最為嚴重的，直接從口腔攝入體內中毒。

根據朱令的情況，能夠排除呼吸中毒，原因是不存在這樣的封閉環境。而是否曾經體表接觸中毒難以確定排除，但可以肯定的是，如果沒有消化系統直接攝入，她體內的鉈含量絕不可能如此之高。事實上，在接受《三聯生活周刊》採訪時，陳震陽曾回憶一九九五年偵破過程中，民警李樹森向他提出過一個假設，「如果雪花膏裡含有鉈，會不會通過塗抹導致中毒？」陳震陽認為可能性不大，原因在於「朱令的樣本檢測裡，鉈含量的濃度太高了，鉈是可以通過人體的新陳代謝每天排出一部分的，朱令已經中毒那麼久，還經過了幾次換血，體內的鉈濃度還那麼高，不太可能是體表攝入」。綜合判斷下來，幾乎可以肯定的中毒途徑，就是由消化道直接攝入，也就是「吃進去的」。

進一步細緻分析，朱令入口的毒物究竟是固體鉈鹽還是鉈溶液，則很難通過後來的檢測來逆推。在一九九七年的北大投毒案中，做案者王曉龍很快自首，詳細交代了自己的做案事實和動機：使用的是固體的硫酸亞鉈粉末、在學校實驗室拿到、如何秤取、分幾次在什麼時間以什麼方式往哪裡投毒等等。而這種自首，除了警方審訊的壓力，更多源於王曉龍對於受害者江林的複雜情感：他既怨恨對方對自己的疏遠冷淡，又不希望對方真的就此離世。而如果足夠冷血沉著地銷毀證據，堅決否認投毒並拒絕透露細節，那麼無論警方還是公眾其實都很難獲知王曉龍的投毒過程。事實上，根據媒體報導，在決定送江林去醫院就診之前，王曉龍先是回到了自己的實驗室，冷靜地處理藏匿好了用剩的鉈鹽以及拿來秤重的天平和碾缽。

而朱令案的發生及其真相始終撲朔迷離、兇手一直逍遙法外的結果對於中國高校的影響還沒有就此結束。二〇〇七年，位於江蘇徐州的中國礦業大學再次發生學生鉈中毒事件。五月底，三名礦大徐海學院機電系、材料科學專業的大一男生相繼出現呼吸疼痛、四肢麻痺、特別是下肢疼痛的症狀，至六月十日被確診鉈中毒。警方隨即對受害者所在校區的一萬三千多名學生進行逐個審查，學校食堂被關閉，飯菜、調料、餐具、桌椅等被取樣檢測。在確定餐廳樣本檢測並沒有任何發現之後，警方將重點放在了男生們的宿舍。

徐州警方接受媒體採訪時曾透露，他們「對宿舍同一樓層的其他同學提取了指甲、手的擦拭物等的樣本，對於中毒宿舍的其他同學，要求學校安排其他宿舍，保護受害人宿舍的原狀」。

「你不知道毒源在什麼地方，房間裡面的東西非常多，水壺、飯盒、茶杯、衣服、挎包等能吃到能沾到的地方都做了樣本提取，對所有物品做照相、固定、封存、取樣，這個階段宿舍的東西是別人不能動的，要做備檢，因為樣本取走一批，如果不夠，還要再繼續提取。」

「現在還能想起來當時宿舍的擺設，外面一圈兒是床，中間是書桌，杯子和碗放在上面，男同學不是太講究，杯子、飯盒也不是太乾淨。」當事民警曾這樣對記者回憶。

而這種「不講究」使得關鍵的證據得以被留存。要知道，鉈的化合物極易溶於水，如果事後清洗水杯，證據很容易就滅失了。所幸，警方從中毒程度最為嚴重的男生的水杯剩餘的水中檢測到了高濃度的鉈。至此，可以確認這是一起人為投毒。於是很快，中毒發生前曾和三名受害者一起吃飯、卻唯獨沒有出現任何中毒症狀的同宿舍男生小常進入了警方視野。

小常很快承認了投毒事實，交代是由於他與同宿舍的室友長期有矛盾，怨恨他們對自己不理不睬，總覺得自己被嘲諷、譏笑、看不起，便決定用這種方式下毒手「復仇」。他說自己在網上聯繫了四川一家出售硝酸鉈的化工企業，購買了二百五十克硝酸鉈粉末，然後買來一次性注射器，把硝酸鉈吸到針管裡，趁宿舍沒有人，再注射到那三名同學的水杯裡。而做案的「靈感」和「激勵」，就來自朱令鉈中毒，以及之後十多年都無法確定兇手的事實。

回到朱令。從北大和礦大的案例可以看出，兩個投毒者都是使用固體鉈鹽，並利用其無色無味、極易溶於水的特性向室友的食物或飲用水中投毒。如果朱令是被以鉈溶液投毒，以她體內八次換血後仍然超過一克的鉈含量，鉈溶液的體積會達到一百毫升以上，相當於小半罐可樂，依照常理，投入他人食物或者飲品很難不被發覺。

二〇〇六年時，童宇峰曾根據陳震陽的檢測資料推測過朱令中毒劑量。報導的五種樣本的鉈含量高低相差很大。「用血樣的值算出來正好是致死劑量，用尿樣則是十五倍致死劑量。這裡的分析有一個問題是沒有考慮朱令的八次換血。如果這樣的話，可能血樣尿樣得出的劑量是一致的。」從科學意義而言，沒有投毒者的證言，或許朱令被投毒的劑量和途徑將永遠無法確切證明，童宇峰說，「但是從邏輯上來說只能是固體鉈鹽。」

二〇一八年美國學者賀敏對朱令第二次中毒後脫落的頭髮所做的質譜分析中，除了看到多個鉈毒峰值之外，還有另一項讓人觸目驚心的發現——她體內還含有鉛。這基本可以概括出一幅令人不寒而慄的投毒情景再現：朱令在長時間內被小劑量多次投入了鉈毒，而第二次中毒峰值階段時還被加入了鉛。用童宇峰的話說，「這就喪心病狂了。」

§

關於沉默十年的孫維究竟為什麼會在二〇〇五年突然主動跳到輿論漩渦的中心，各方和網友們一直有著各種解釋。從朱令家獲得的資訊來看，儘管九八年中國官方已經「放行」，但孫維多次嘗試卻始終無法順利獲得簽證出國。「一直沒有出去，她一直就想給自己洗白。」而孫維自己的描述則是，她和家人多年來受到輿論審判，不堪困擾十分痛苦，於是下定決心出來澄清。

無論動機如何，輿論審判確實始終懸在孫維和維護她的人頭頂。物化二班的很多人說，他們恐懼洶湧民意和網路暴力。二十餘年間，一直有不計其數的網友在自發尋找真相，希望能為朱令討回公道。

二〇〇七年，何清受一位有法律背景的網友之託，趁去日本出差的機會，到愛媛大學直接堵了當時正在那裡深造的金亞。何清後來回憶，「開會完，我留了兩天時間，在週末去了金亞的學校，找到她的實驗室。看見一個小個子女孩出來，剛好就是金亞。她對我們的來訪並不是很樂意，但還是同意一起去附近一個咖啡館聊了一會。」

何清用了一個英文詞彙「haunted」形容金亞給她的印象，中文裡，這個詞最接近的翻譯是「鬧鬼的，憂心忡忡的」。「這是一個中文很難表述的詞，我感覺她心中有陰影，」何清描述。

這是朱令中毒後除了天涯論壇發言之外，被披露的金亞唯一一次在公共領域所做的表達，前提是當時何清保證「客觀」，並承諾不會將談話內容發表到網路上。何清回憶，金亞說，這個案子這麼複雜，牽扯到很多人，公安都沒有結論，我們怎麼知道誰是兇手呢？何清則記得，她對金亞說，「這件案子對我們來說很簡單，並不複雜。」金亞說，那是因為你們只看到一個分支，但這件事情有很多條分支。她用手指在桌上畫了棵樹的形狀。並說，「朱令有很多活動，而且寢室室友之間相處很好。當朱令肚子疼的時候，她們還把朱令送到校醫院，並囑咐舍監給朱令留門。」

何清記得，她告訴金亞，鉈中毒最大的症狀是非常疼，朱令最後的疼痛，連被子蓋到腳背都難以忍受。但金亞說，她沒有印象聽到朱令喊疼，說朱令第二次中毒看起來依然如常，照樣上課，去樂隊熱中藥。「朱令心氣很高，可能疼也自己忍了。」何清於是告訴金亞，如果去看在那之前不久播出的央視節目《朱令的十二年》，就會看到片子裡有朱令在醫院因疼痛抓著床沿尖聲大叫的鏡頭。

「我能感覺她聽到這話後心跳加速，並避開了我的眼神。沉默了一會，金亞說，我的記憶怎麼會這麼不同呢，或許朱令不願意讓我們知道她疼痛。金亞還說，公安有我們回答所有問題的紀錄，我們在每頁上都有簽名。當有人來問我這件事時，我從來都告訴他們，去問公安！如果公安要重審這個案件，我很樂意自己買機票飛回去協助調查，」

何清回憶。

二〇〇五年底到二〇〇六年的這次輿論焦點，是互聯網時代剛剛到來時很多網友寄望於資訊自由可以追溯真相、懲罰兇手的樂觀時期，也是迄今為止孫維和她的家人唯一一次流露出表達欲望的時期。在網路上成為千夫所指的對象之後，此前基本沒有跟朱令家打過交道的孫維母親通過物化二班的同學邱志江帶話並致電，表達了希望跟朱令家談一談的願望。這使得很多網友感嘆「互聯網改變中國」的力量——要知道幾年前朱令的舅舅致電孫維父親孫大武，還被堅決拒絕。

但這一次，不想談的是朱令家。「她當時就是想要我們幫她澄清。但通過孫維的聲明，我們認定就是她，不會理會這樣的要求，」吳承之回憶。

在這段喧囂的時間裡，孫維和家人還曾一度答應了鳳凰衛視《魯豫有約》節目的採訪邀約。據媒體報導，節目工作人員通過私信天涯網上發表孫維聲明的ＩＤ發出邀請，一天後就收到對方的回覆，表示願意接受邀約，但前提是節目組的支持。「其出發點很明確：我要證明清白，必須是為我證明清白。」這位工作人員回憶。

後來證明，這個ＩＤ的維護者是孫維的哥哥。他選擇在一家咖啡館與節目組工作人員見了面，傾訴這個家庭多年來受到了怎樣的謾罵和攻擊，「即便搬家、換電話仍然不斷被騷擾。半夜被打電話、家裡半夜被塞進信。」也是在此時，孫維哥哥提供的信息第一次描述了孫維畢業後的確切情況，他跟編導說自己的妹妹以第一名的成績考入了諾基亞，「並主導研發了諾基亞的一款用智能筆書寫的手機。」

這之後，孫維也與節目組見了一次面。相關工作人員的印象是「瘦小」，但是一開口，氣場很強，語速很快，在三個多小時的時間裡滔滔不絕地講述自己的委屈和家庭的困擾。一位工作人員回憶，「記得她說很多人打電話去她爸爸的辦公室，以至於她爸爸為了躲避鈴聲躲到椅子下面。她自己也有幾次試圖自殺。有一次出差到了一個海邊，她就想跳海死了。她用了很多書面語，很詳細地描述了海灘的氛圍，她如何在海邊徘徊。」但與之相對的是，在三個小時內，她的言語中沒有涉及任何關於朱令的細節。

見面結束時，孫維兄妹留下了一封信要求轉交給主持人陳魯豫，這是一封十來頁的長信，「說是孫維媽媽寫的，希望她能好好看看，給他們一個支持的態度。」

然而最終，孫維家還是退卻了，這期節目並沒有成為現實。已經成為「孫釋顏」的孫維，從此幾乎再沒有在公共領域出現過。直到二〇一三年再度被網路空間千夫所指，她才又一次登陸天涯，留下了一句「去去醉吟高臥，獨唱何須和。笑罵由人」，便又消失了。

事實上，「網路圍觀」是一把難以控制的雙刃劍，並不總是遵循人們善良和樂觀的願望發展。在移動互聯時代到來之後，尤其是二〇一三年網路民意洶湧之時，孫維也獲得了一些為她辯護的擁躉，甚至有人會去騷擾朱令一家。朱明新記得：「偶爾有人寫匿名信，還有人來敲門，說難聽話。」圍繞整個事件的謎團也並沒有如同樸實熱血的網友們所希望的那樣發展——隨著技術的進步，最初因為互聯網活下來的朱令又能夠因為互聯網得到正義。

完稿時，朱令剛剛在二〇一八年年底度過了她的四十五歲生日。朱明新在和我的長談中，曾反思女兒性格中的弱點——「她有一個很大的問題。在家裡，包括外公外婆，大家都以她為中心，最喜歡她。到外頭她一點警惕都沒有，輕信。我們沒教給她，防人之心不可無。所以她總覺得周圍的人都像家裡人一樣對她那麼好。」

「我覺得我們的情商很差，我們是學理工科的，一加一就是等於二。再多一點，家裡的教育沒有，沒有這方面的教育。」

§

二〇一九年到來了，四十五歲的朱令仍然堅強地活著。

在小湯山，她規律地堅持每天刻苦鍛煉。「非常辛苦啊，鍛煉完基本上滿頭汗，一張紙巾都擦溼了。每次做完都要擦一遍，額頭後面頭髮擦一遍，都溼了。她能堅持，每次說做不做，接著做。」吳承之言語之間很為女兒自豪，「現在基本上抱著她能站起來，站個五分鐘。坐在床上，她自己能坐幾分鐘，在床邊上，坐半個小時都問題不大。」

七十八歲的吳承之最心疼女兒的是，由於氣管被切開插入輔助呼吸設備，朱令再也無法發出聲音，哪怕只是咿咿呀呀用她自己的語言向父母表達。「她有的時候非常想說話，想表達，我們也知道她的意思，但是她出不了聲音。」

儘管生活殘酷艱辛，吳承之和朱明新依然樂觀和感恩，「二十五年了，朱令還在扛，還能到現在這個樣子。」

四分之一個世紀過去，這個小家庭反覆說，他們最感激的，就是互聯網和無數的網友不斷接力的幫助。「九五年救了朱令的命，另外事情本來就要這麼處理了，不理你了，但是社會那麼多人關心，所以朱令能夠活到現在。整個網路作用非常大的。沒有一九九五年，沒有二〇一三年，不會是這麼一個處理結果。」

一九九五年寫信給朱令父母祝賀他們的女兒在互聯網會診的幫助下活下來的時任美

國總統柯林頓，曾經在二〇〇〇年，網路時代來臨之初自信地說，國際互聯網將會改變中國的政治面貌，而政府試圖管控互聯網的企圖，無異於「將果凍釘在牆上」（That's sort of like trying to nail Jello to the wall）。事實上，從起初的門戶網站時代到移動互聯時代，從無所不在的審查到不斷延伸的防火長城，果凍真的被釘在了牆上。然而，在這其中，資訊依然在有限的自由空間中發揮了巨大的作用，中國網民們在枷鎖和迷霧中一點點探索著真相與公義的方向。

長久以來，女兒康復和真凶歸案曾是朱明新最大的兩個心願。如今的她已很少再提後者，只是淡淡地說，「這個案子為什麼碰到這麼多阻力，其他的案子，復旦的北大的，罪犯都沒什麼背景，所以劈里啪啦就破了。這樣一對比就很清楚了。」

「陽光是最好的防腐劑」，長久以來，中國的行政體制最大的標誌和弊端就是封閉式運作和極度缺乏透明度。從清華到協和，從公安到司法，暗箱操作、內部決定、權力傲慢是常態，普通公民希望進行平等對話、維護知情權簡直難於上青天。如果公權力遮蔽重重，資訊不對稱之下的民間正義感便不可能被妥善安放。

惟願我輩的有生之年，等到真相大白的那一天。

1 全國人民代表大會會議和中國人民政治協商會議全國委員會會議的簡稱。

國家圖書館出版品預行編目 (CIP) 資料

朱令的四十五年：北京清華女學生毒殺疑案 /
李佳佳作 . -- 初版 . -- 臺北市：春山出版 , 2019.11
面；　公分 . --（春山之聲；10）
ISBN 978-986-98042-3-3（平裝）
1. 刑事案件 2. 個案研究

585.8　　108016478

春山之聲 010

朱令的四十五年

——北京清華女學生毒殺疑案

作者　李佳佳
總編輯　莊瑞琳
責任編輯　夏君佩
行銷企劃　甘彩蓉
封面設計　鄭宇斌
內文排版　極翔企業有限公司

出版　春山出版有限公司
地址　116 臺北市文山區羅斯福路六段 297 號 10 樓
電話　（02）2931-8171
傳真　（02）8663-8233
總經銷　時報文化出版企業股份有限公司
電話　（02）29066842
地址　桃園市龜山區萬壽路二段 351 號
製版　瑞豐電腦製版印刷股份有限公司

初版　二〇一九年十一月
定價　三五〇元

填寫本書線上回函

All Voices from the Island

島嶼湧現的聲音